Feito com Carinho

Feito com Carinho

Mais de 50 receitas irresistíveis para
preparar e oferecer a pessoas queridas

PUBLIFOLHA

Home-baked gifts with love foi publicado originalmente em 2012 por CICO Books, um selo da Ryland Peters & Small Ltd, 20-21 Jockey's Fields, Londres WC1R 4BW, e 519 Broadway, 5th Floor, Nova York, NY 10012.

Coordenação do projeto: Publifolha
Editora assistente: Fabiana Medina
Produtora gráfica: Samantha R. Monteiro

Produção editorial: Página Viva
Coordenação: Rosi Ribeiro
Tradução e consultoria: Lúcia Boldrini
Preparação de texto: Fátima Couto
Revisão: Ana Perovano, Pedro Ribeiro
Diagramação: Priscylla Cabral

Edição original: Ryland Peters & Small Ltd
Editora: Jan Cutler
Designer: Louise Leffler

Dados Internacionais de Catalogação na Publicação (CIP)
(Câmara Brasileira do Livro, SP, Brasil)

Feito com carinho / tradução Lúcia Boldrini]. – São Paulo: Publifolha, 2013.

Título original: Home-baked gifts with love.
Vários autores.
ISBN 978-85-7914-488-2

1. Culinária (Receitas).

13-09831 CDD-641.5

Índices para catálogo sistemático:
1. Receitas : Culinária : Economia doméstica 641.5

Este livro segue as regras do Acordo Ortográfico da Língua Portuguesa (1990), em vigor desde 1º de janeiro de 2009.

Impresso na C&C Offset Printing Co. Ltd., China.

PUBLIFOLHA
Divisão de Publicações do Grupo Folha
Al. Barão de Limeira, 401, 6º andar
CEP 01202-900, São Paulo, SP
Tel.: (11) 3224-2186/2187/2197
www.publifolha.com.br

Nota do editor
Apesar de todos os cuidados tomados na elaboração das receitas deste livro, a editora não se responsabiliza por erros que possam acontecer durante o preparo dos pratos.
Pessoas com restrições alimentares, grávidas e lactantes devem consultar um médico especialista sobre os ingredientes de cada receita antes de prepará-la.
As fotos deste livro podem conter acompanhamentos ou ingredientes meramente ilustrativos.

Sumário

Introdução

Quem ganha de presente uma guloseima preparada com capricho se sente verdadeiramente especial. Neste livro – uma coletânea com mais de 50 receitas –, você vai encontrar uma deliciosa variedade de bolos, biscoitos, chocolates, docinhos, geleias e até conservas e azeites aromatizados. Todas elas são caseiras e apropriadas para embalar e presentear.

Aqui há mimos para todas as ocasiões. Alguns são bem românticos, como o Coração de framboesa (pp. 48-9), os biscoitos especiais para o Dia dos Namorados e os deliciosos chocolates. Para a época do Natal há minimuffins, cupcakes e bolinhos decorados com temas correspondentes. Para o Halloween, as opções são gostosos bolinhos confeitados, como a Lanterna de Halloween (pp. 36-7), ou cookies de gengibre e chocolate em formato de gato preto ou chapéu de bruxa. Você também vai aprender a fazer cupcakes para outras datas especiais, como casamentos e batizados, e até etiquetas comestíveis para enfeitar as embalagens.

Muitas guloseimas ganham lindas decorações, e todas as técnicas necessárias estão explicadas em detalhes. Para dar aos seus presentes um toque final perfeito, há algumas sugestões criativas de embalagens nas pp. 140-1.

Surpreenda a família e os amigos com presentes maravilhosos feitos na sua cozinha. Divirta-se!

Capítulo 1

Bolos *e* bolinhos

Para fazer uma pessoa querida se sentir verdadeiramente especial, dê a ela uma gostosura preparada em casa e embalada com capricho. Neste capítulo você vai encontrar algumas ideias encantadoras: são cupcakes fáceis e graciosos, minibolos deliciosos e suspiros coloridos. Para seu amor, há bolinhos em forma de coração; para batizados, casamentos, Halloween e festas de Natal, uma variedade incrível de presentes feitos na cozinha. Divirta-se preparando essas receitas fáceis e desfrute a alegria das pessoas ao receberem essas surpresas.

Bolo de sidra e frutas

Ótima opção para sentir os sabores e os aromas do Natal sem ter muito trabalho. Com frutas secas e especiarias, essa receita ainda tem a vantagem de levar pouca gordura e nada de ovos. Se quiser, polvilhe as fatias com açúcar de confeiteiro.

50 g de manteiga sem sal, mais um pouco para untar

1 xícara (200 g) de açúcar mascavo

2/3 de xícara (100 g) de uva-passa escura

2/3 de xícara (100 g) de uva-passa branca

1/3 de xícara (50 g) de damasco seco picado

3/4 de xícara (175 ml) de sidra (espumante de maçã)

1 colher (chá) de mix de especiarias para torta de maçã*

1 colher (chá) de gengibre em pó

2 xícaras (225 g) de farinha de trigo integral

2 colheres (chá) de fermento em pó

uma generosa pitada de sal

açúcar de confeiteiro, para polvilhar

24 unidades

*Misture 4 colheres (sopa) de canela, 1½ colher (chá) de noz-moscada, ½ colher (chá) de pimenta-da-jamaica, 1 colher (chá) de gengibre em pó e 1½ colher (chá) de cardamomo triturado. Rende 1/3 de xícara (chá).

1 Em uma panela grande, leve ao fogo a manteiga, o açúcar, os dois tipos de uva-passa, o damasco picado, a sidra, as especiarias, o gengibre em pó e três quartos de xícara (175 ml) de água. Mexendo sempre, deixe ferver, reduza o fogo e cozinhe por 2 minutos.

2 Tire a panela do fogo e deixe esfriar um pouco. Preaqueça o forno a 180°C. Unte uma fôrma de 25 cm x 20 cm, ou medidas aproximadas, e forre-a com papel-manteiga.

3 Peneire a farinha, o fermento e o sal diretamente na panela com os outros ingredientes; acrescente as fibras de trigo que ficaram na peneira. Misture bem com uma colher de pau.

4 Despeje a massa na fôrma preparada e espalhe uniformemente. Leve ao forno preaquecido por 25 minutos, ou até o bolo dourar e estar firme ao toque.

5 Tire do forno e deixe esfriar em uma grade de metal. O bolo fica mais gostoso se descansar por uma noite. Após esse tempo, corte em 24 fatias e polvilhe com o açúcar. Pode ser armazenado em um pote bem fechado por até uma semana.

Surpresa de caramelo

Cada fatia desse brownie tem no centro um caramelo coberto de chocolate. Se preferir, pode usar no recheio caramelo simples, bala de amendoim ou até um marshmallow.

225 g de chocolate meio amargo picado

150 g de manteiga cortada em cubos, mais um pouco para untar

½ xícara (125 g) de açúcar

½ xícara (125 g) de açúcar mascavo

4 ovos ligeiramente batidos

1 colher (chá) de extrato de baunilha

1 xícara (125 g) de farinha de trigo

uma pitada de sal

25 caramelos cobertos com chocolate

papel metalizado dourado e fita, para embrulhar (opcional)

25 unidades

1 Preaqueça o forno a 160°C. Unte uma fôrma quadrada (23 cm), forre com papel-manteiga e unte o papel. Derreta o chocolate e a manteiga em uma tigela refratária em banho-maria. Mexa de vez em quando até o chocolate derreter completamente. Deixe esfriar um pouco.

2 Misture os dois tipos de açúcar. Acrescente os ovos, um de cada vez, batendo bem após cada adição. Junte a baunilha. Peneire juntos a farinha e o sal nesse preparado e misture até homogeneizar.

3 Despeje a massa na fôrma preparada e espalhe uniformemente. Visualize como vai cortar o brownie, depois de assado, em 25 quadrados (serão cinco colunas, cada uma dividida em cinco quadrados). Mergulhe um caramelo no centro de cada possível quadrado de brownie. Leve ao forno por 20-25 minutos. Retire assim que o bolo estiver firme.

4 Deixe esfriar na fôrma. Desenforme e corte com cuidado em 25 quadrados, cada um com seu caramelo no centro.

5 Opcional: corte papel metalizado dourado em quadrados grandes, embrulhe cada pedaço de brownie e amarre os pacotinhos dourados com fita.

Coração de namorado

Um presente perfeito para o Dia dos Namorados! Faça com antecedência os corações de chocolate branco e guarde na geladeira até a hora de usar. Para decorar, use confeitos em forma de coração.

1 colher (sopa) (15 g) de manteiga derretida, mais um pouco para untar

1 colher (sopa) de farinha de trigo

1 receita de brownie de chocolate (veja os passos 1-2 da Surpresa de caramelo, p. 13)

Ganache de chocolate

150 g de chocolate meio amargo bem picado

⅔ de xícara (150 ml) de creme de leite fresco

1 colher (sopa) de açúcar mascavo

uma pitada de sal

Para decorar

150 g de chocolate branco picado

3-4 colheres (sopa) de geleia de damasco ou framboesa aquecida e peneirada

corante alimentício líquido vermelho

glitter comestível vermelho ou rosa

confeitos vermelhos em forma de coração

12 unidades

1 Para fazer o coração de chocolate branco, forre uma fôrma com papel-manteiga. Derreta o chocolate em banho-maria, despeje na fôrma preparada e espalhe até obter uma camada uniforme com 2 mm de espessura. Deixe em local fresco até endurecer totalmente. Preaqueça o forno a 160°C.

2 Unte com manteiga derretida doze forminhas (10 cm de diâmetro) em formato de coração; forre o fundo com papel-manteiga, unte e enfarinhe o papel. Divida a massa de brownie entre elas, coloque-as sobre uma fôrma grande e leve ao forno por 12-15 minutos. Retire, espere 10 minutos e desenforme numa grade de metal para esfriar.

3 Para fazer a ganache, coloque o chocolate em uma tigela refratária pequena. Aqueça o creme de leite e o açúcar em uma panelinha até dissolver o açúcar. Assim que ferver, junte o sal e despeje essa mistura quente sobre o chocolate. Vede a tigela com papel-alumínio e deixe derreter por 8-10 minutos, sem mexer. Remova o papel, mexa até ficar bem liso e deixe esfriar. Passe a geleia nos brownies e reserve por 5 minutos.

4 Coloque o corante vermelho num pratinho. Mergulhe uma escova de dentes e flexione as cerdas para borrifar metade da folha de chocolate branco. Salpique glitter comestível sobre a outra metade e deixe secar. Corte os corações com cortadores de biscoito. Espalhe a ganache sobre os brownies e decore com os corações de chocolate branco e os confeitos vermelhos.

Muffin de tangerina com pistache

Decore com casquinhas cristalizadas de tangerina, preparadas com pelo menos 6 horas de antecedência, para que elas possam secar.

2 tangerinas com casca

manteiga, para untar

3 ovos

¾ de xícara (150 g) de açúcar

1 ⅓ xícara (150 g) de farinha de trigo, mais um pouco para polvilhar

2 colheres (chá) de fermento em pó

uma pitada de sal

½ xícara (75 g) de amêndoa moída

⅓ de xícara (50 g) de pistache descascado, sem sal e bem picado

Para decorar

3 tangerinas descascadas (cascas e gomos reservados)

½ xícara (100 g) de açúcar

1 xícara (125 g) de açúcar de confeiteiro

⅓ de xícara (50 g) de pistache descascado, sem sal e picado

folha de ouro comestível (opcional)

12 unidades

1 Para cristalizar, corte as cascas das 3 tangerinas da decoração em tiras fininhas (reserve os gomos). Polvilhe as cascas com o açúcar, espalhe em uma assadeira e reserve por, no mínimo, 6 horas.

2 Em uma panela, leve ao fogo as 2 tangerinas com casca cobertas com água. Ferva, reduza o fogo e deixe cozinhar por 1 hora, ou até ficarem macias. Escorra e deixe esfriar. Preaqueça o forno a 180°C. Unte e enfarinhe doze forminhas de muffin.

3 Corte as tangerinas cozidas em quatro, remova as sementes e mantenha os gomos e a casca. Passe pelo processador até virar um purê com pedacinhos de fruta e reserve. Bata os ovos com o açúcar até obter um creme claro e fofo. Peneire a farinha, o fermento e o sal e adicione ao creme de ovos. Junte a amêndoa, o pistache, o purê de tangerina reservado e misture. Divida a massa entre as fôrmas de muffin. Leve ao forno por 15 minutos, ou até um palito inserido no centro de um bolinho sair limpo.

4 Deixe esfriar por 5 minutos. Passe uma faca nas laterais dos muffins para soltá-los e desenforme sobre uma grade de metal para esfriar. Para decorar, extraia o suco das tangerinas reservadas. Peneire o açúcar de confeiteiro em uma tigela e adicione o suco aos poucos, até obter um glacê líquido. Coloque-o às colheradas sobre os bolinhos e deixe endurecer. Decore com as casquinhas cristalizadas, o pistache e, se quiser, com folha de ouro comestível.

Minimuffin de gengibre

Esses bolinhos feitos com massa de gingerbread, úmida e saborosa, ficam graciosos com a decoração de glacê branco. Para incrementar, use forminhas prateadas ou com estampas delicadas.

1 Preaqueça o forno a 180°C. Coloque forminhas de papel nas cavidades de três fôrmas para doze muffins (se não tiver a fôrma para muffins, coloque forminhas de papel duplas em uma assadeira comum). Em fogo baixo, derreta a manteiga, o melado, o mel, o açúcar e o leite. Tire do fogo e deixe esfriar por alguns minutos.

2 À parte, peneire a farinha, o bicarbonato, o gengibre, a canela e o sal. Despeje a mistura derretida sobre os ingredientes secos e junte o ovo. Misture bem com uma colher de pau e adicione a compota de gengibre.

3 Encha as forminhas com a massa até dois terços da capacidade. Leve ao forno preaquecido por 15 minutos, ou até os minimuffins estarem firmes ao toque.

4 Transfira para uma grade e deixe esfriar. Coloque o glacê em um saco de confeiteiro com bico liso e desenhe estrelas, pontos e outras figuras decorativas nos bolinhos. Conserve em recipiente bem fechado por até 3 dias.

100 g de manteiga sem sal
2 colheres (sopa) de melado
2 colheres (sopa) de mel
½ xícara (100 g) de açúcar mascavo
½ xícara (125 ml) de leite
1 ½ xícara (175 g) de farinha de trigo
1 colher (chá) de bicarbonato de sódio
1 colher (sopa) de gengibre em pó
1 colher (chá) de canela em pó
uma pitada generosa de sal
1 ovo grande batido
50 g de compota de gengibre* escorrida e bem picada

Para decorar

glacê real (p. 132)

36 unidades

*Descasque 800 g de gengibre fresco e corte em pedaços iguais. Deixe de molho em água fria por uma noite. Escorra, coloque o gengibre numa panela e cubra com água. Ferva, escorra e repita a operação mais duas vezes, até o gengibre ficar macio e fácil de cortar (o processo leva cerca de 1 hora). Em uma panela de fundo grosso, ferva 750 ml de água e 375 g de açúcar, reduza o fogo e cozinhe por 20-30 minutos, até obter um xarope espesso. Junte o gengibre cozido e cozinhe por mais 10 minutos. Deixe esfriar antes de guardar num pote esterilizado (p. 137).

Trufa de chocolate branco e limão

Essas trufas cremosas e com gostinho de limão são um presente encantador. Podem ser feitas com antecedência e mantidas na geladeira.

100 g de chocolate branco picado

50 g de manteiga

2 colheres (sopa) de creme de leite fresco

3/4 de colher (chá) de raspas de limão-siciliano

115 g de bolo tipo inglês (sabor baunilha) esmigalhado

Para decorar

50 g de chocolate branco picado

açúcar de confeiteiro, para polvilhar

14 unidades

1 Derreta o chocolate e a manteiga em banho-maria, mexendo de vez em quando. Tire do fogo, junte o creme de leite e continue mexendo até ficar uniforme e cremoso. Acrescente as raspas de limão e as migalhas de bolo.

2 Enrole bolinhas de massa do tamanho de uma noz. Coloque-as em forminhas de doce e leve à geladeira por no mínimo 2 horas, até firmar.

3 Para decorar, derreta 50 g de chocolate em banho-maria. Mergulhe um espeto no chocolate e deixe pingar sobre as trufas, fazendo um zigue-zague. Leve à geladeira para firmar. Polvilhe com açúcar de confeiteiro ao servir.

Cupcake precioso

Esses bolinhos com aparência de pedra preciosa farão sucesso em um chá da tarde e são um lindo presente para meninas. Os cristais de açúcar podem ser tingidos nas cores de pedras preciosas.

1 Preaqueça o forno a 180°C. Coloque forminhas de papel nas cavidades da fôrma para doze muffins (ou use a de 24 minimuffins). Bata o açúcar com a manteiga até obter um creme.

2 Junte os ovos ao creme, um de cada vez. Continue batendo e adicione a baunilha. À mão, incorpore a farinha. Divida a massa entre as forminhas. Asse por 18 minutos (8-10 minutos se forem minicupcakes), até dourarem e estarem firmes ao toque.

3 Deixe esfriar ainda na fôrma, sobre uma grade de metal, por 3 minutos. Desenforme e espere esfriar completamente. Para fazer a cobertura, misture a manteiga e o cream cheese em uma tigela grande. Adicione peneirando o açúcar de confeiteiro e bata até ficar um creme fofo. Junte o suco e as raspas de limão e continue batendo até uniformizar.

4 Se não tiver os coloridos, divida os confeitos de açúcar em tigelinhas e tinja com cores diferentes, misturando bem. Deixe secar por 30 minutos.

5 Se não tiver os coloridos, divida o creme de manteiga em várias tigelas e tinja como fez com o açúcar. Espalhe a cobertura sobre os bolinhos e finalize cada um com o confeito de açúcar na cor correspondente.

Cupcakes

300 g de manteiga amolecida

1½ xícara (300 g) de açúcar

6 ovos

2 colheres (chá) de extrato de baunilha

2¾ xícaras (300 g) de farinha de trigo com fermento peneirada

Creme de manteiga

7 colheres (sopa) (100 g) de manteiga amolecida

½ xícara (100 g) de cream cheese

2¾ xícaras (300 g) de açúcar de confeiteiro

1½ colher (chá) de suco de limão-siciliano

raspas de 1 limão-siciliano

Para decorar

confeitos de cristal de açúcar (Importado, disponível em lojas de artigos para confeitaria. Alguns já vêm coloridos.)

corante alimentício em cores de pedras preciosas

12 unidades

Cupcake com borboletas

Uma variação mais elaborada dos bolos tipo bebezinho, um clássico de infância. Com asinhas de pasta americana, eles parecem prontos para voar!

Massa

1 xícara (200 g) de açúcar

175 g de manteiga sem sal amolecida

2 ovos inteiros e 1 gema batidos

1 colher (chá) de extrato de baunilha

2 xícaras (225 g) de farinha de trigo

1 colher (chá) de fermento em pó

½ colher (chá) de bicarbonato de sódio

½ xícara (125 ml) de leitelho*

Merengue

1 xícara (200 g) de açúcar

3 claras

225 g de manteiga sem sal em pedaços e amolecida

1 colher (chá) de extrato de baunilha

Para decorar

confeitos coloridos

açúcar de confeiteiro, para polvilhar

250 g de pasta americana branca

1 receita de glacê real (p. 132)

corante alimentício em pasta rosa, amarelo e marrom

12 unidades

*O leitelho deve ser preparado pelo menos 10 minutos antes de ser utilizado na receita. A proporção é de 1 colher (sopa) de limão ou vinagre branco para 1 xícara (chá) de leite.

1 Preaqueça o forno a 180°C. Coloque forminhas de papel nas cavidades da fôrma para doze muffins. Bata o açúcar com a manteiga até obter um creme leve e fofo. Acrescente os ovos, um a um, batendo bem após cada adição. Junte a baunilha. Peneire juntos a farinha, o fermento e o bicarbonato e agregue à massa em duas adições, alternando com o leitelho. Bata até uniformizar.

2 Divida a massa entre as forminhas, enchendo-as até dois terços da capacidade. Leve para assar por 20 minutos, ou até um palito inserido no centro de um cupcake sair limpo. Mantenha na fôrma por 5 minutos antes de transferir para uma grade de metal para esfriar.

3 Para o merengue, misture o açúcar e as claras em uma tigela refratária e encaixe-a em uma panela com água fervente. Bata a mistura no banho-maria até atingir 60°C no termômetro de açúcar. Transfira para a batedeira e bata até a mistura esfriar e dobrar de volume, formando picos brilhantes e firmes. Sem parar de bater, junte a manteiga aos poucos até uniformizar. Adicione a baunilha.

4 Espalhe o merengue sobre os cupcakes frios. Salpique com os confeitos. Faça as borboletas (pp. 26-7) e coloque nos bolinhos.

Borboleta de pasta americana

1

1 Polvilhe uma superfície limpa e seca com um pouco de açúcar de confeiteiro. Abra a pasta com um rolo até atingir a espessura de 3 mm. Com um cortador, faça quantas borboletas quiser. (1)

2 Divida cada borboleta ao meio, separando as asas. Deixe secar por uma noite sobre papel-manteiga. (2)

3 Divida o glacê real em três tigelas. Tinja (p. 132) uma porção de rosa e outra de amarelo. Para atingir o tom desejado, adicione o corante aos poucos. O glacê da terceira tigela deve ser branco.

4 Coloque 2-3 colheres (sopa) do glacê branco em um saco de confeiteiro com bico liso fino. Desenhe uma borda de glacê em cada asa de borboleta. Preencha a metade direita de cada asa com glacê branco (p. 134), espalhando-o até a borda com uma espátula ou faquinha.

5 Repita a operação na metade esquerda de cada asa, usando glacê amarelo ou rosa para preencher até o limite do glacê branco. (3)

6 Com a ponta de um espeto, "puxe" um pouco do glacê colorido para dentro do branco, criando filamentos. (4) Espere secar. Repita a operação com as asas restantes.

7 Com o corante marrom, tinja uma pequena quantidade de glacê branco e coloque em um saco de confeitar. Trace uma pequena linha marrom na extremidade de cada asa, desenhando o "corpo" da borboleta. (5) Espere secar completamente e prenda as asas aos pares no topo dos bolinhos.

2

3

4

5

Cupcake do Advento

Você terá de assar duas fornadas para fazer os bolinhos que representam os 24 dias até o Natal. Faça os números de açúcar com dois dias de antecedência, pois eles precisam secar.

500 g de pasta americana branca
corante alimentício azul em pasta ou gel
açúcar de confeiteiro, para polvilhar
2 receitas de massa do Cupcake com borboletas (p. 24)
2 receitas de merengue (p. 24)
glitter comestível azul ou branco

24 unidades

1 Prepare os números de pasta americana dois dias antes de fazer os cupcakes. Divida a pasta em duas partes. Com o corante alimentício, tinja uma parte de azul-claro. Polvilhe uma superfície limpa e seca com açúcar de confeiteiro. Com um rolo, abra a pasta até atingir a espessura de 2 mm. Usando cortadores próprios, corte doze círculos e doze quadrados pequenos. Depois, corte os números de 1 a 24 para representar a contagem regressiva até o Natal. Umedeça a parte de trás dos números com água fria e grude-os nos círculos e quadrados. Deixe secar por dois dias sobre papel-manteiga.

2 Preaqueça o forno a 180°C. Coloque forminhas de papel nas cavidades da fôrma para 24 muffins. Divida a massa de bolo entre elas, enchendo-as até dois terços da capacidade.

3 Asse por 20 minutos, ou até um palito inserido no centro de um cupcake sair limpo. Tire do forno e deixe esfriar na fôrma por 5 minutos e, em seguida, transfira para uma grade de metal.

4 Coloque o merengue em um saco de confeitar com bico estrela grande e, com movimentos circulares, cubra generosamente cada cupcake. Salpique os bolinhos com glitter prateado e/ou azul e deixe firmar por 30 minutos. Coloque um pouco de glitter em um pratinho e umedeça com água fria as bordas dos números de pasta americana. Passe-os no glitter e disponha-os no topo dos cupcakes.

19
24
6

Minimuffin de Natal

Esses bolinhos de frutas são doces na medida. Vão muito bem no café da manhã, no brunch ou servidos com café fresquinho naqueles dias de festa em que a casa fica repleta de convidados.

1¼ xícara (150 g) de farinha de trigo
1 colher (chá) de fermento em pó
uma pitada de sal
¼ de xícara (50 g) de açúcar
raspas finas de ½ laranja
½ xícara (50 g) de nozes-pecãs picadas, mais 2 colheres (sopa), para decorar
1½ colher (sopa) de uva-passa escura
½ xícara (50 g) de cranberry fresco ou congelado (não é preciso descongelar)
50 g de manteiga sem sal derretida
⅓ de xícara (75 ml) de leite
1 ovo grande batido
açúcar de confeiteiro, para polvilhar

30 unidades

1 Preaqueça o forno a 180°C. Forre as cavidades de duas fôrmas para minimuffins com trinta forminhas metalizadas (ou coloque forminhas duplas de papel em uma assadeira simples). Peneire a farinha, o fermento e o sal em uma tigela grande. Junte o açúcar, as raspas de laranja, as pecãs e a uva-passa.

2 Bata o cranberry no processador, só para desmanchar um pouco, e adicione à massa.

3 Misture a manteiga derretida com o leite e o ovo batido. Junte à massa, misturando com uma colher de pau.

4 Coloque a massa nas forminhas e decore com as pecãs reservadas. Asse por 12-15 minutos, ou até os bolinhos ficarem firmes e dourarem levemente.

5 Passe os bolinhos para uma grade de metal e deixe esfriar um pouco. Sirva ainda mornos, salpicados com açúcar de confeiteiro. Depois de frios, é possível guardá-los em pote bem fechado por até 2 dias.

Árvore de Natal

Aqui temos uma floresta de árvores festivas, brilhantes e decoradas com estrelas douradas e prateadas: só faltam os presentes sob elas! Pratique com o saco de confeitar antes de moldar os galhos.

1 receita de massa do Cupcake com borboletas (p. 24)

1 receita de merengue (p. 24)

corante alimentício verde em pasta

glitter comestível verde

confeitos de açúcar coloridos

estrelas de açúcar douradas e prateadas

12 unidades

1 Preaqueça o forno a 180°C e coloque forminhas de papel nas cavidades da fôrma para doze muffins. Divida a massa de bolo entre elas, enchendo-as até dois terços da capacidade.

2 Asse por 20 minutos, ou até um palito inserido no centro de um bolinho sair limpo. Tire do forno e deixe na fôrma por 5 minutos. Em seguida, transfira para uma grade de metal para esfriar completamente.

3 Tinja três quartos do merengue com o corante verde. Espalhe o creme restante (a porção que não foi tingida) na superfície dos cupcakes.

4 Coloque o creme verde em um saco de confeitar com bico estrela médio e, começando no centro de cada cupcake, faça os "galhos" das árvores em camadas: vá girando o bolinho até cobrir toda a superfície e só então comece a camada seguinte. Faça "galhos" cada vez mais curtos à medida que se aproxima do topo.

5 Polvilhe com glitter verde e decore com confeitos de açúcar. Finalize cada cupcake com uma estrela comestível dourada ou prateada.

Cupcake estrelado de Natal

Esses lindos bolinhos colocam a família no clima festivo e são bem mais leves que os tradicionais bolos de frutas natalinos. Faça as estrelas de pasta americana com antecedência para que possam secar.

¼ de xícara (60 g) de açúcar mascavo

50 g de manteiga sem sal em temperatura ambiente

1 ovo

raspas de 1 laranja

½ xícara (60 g) de farinha de trigo com fermento

1 colher (sopa) de conhaque

4 figos secos picados

3 colheres (sopa) de uva-passa branca

½ xícara (70 g) de cereja cristalizada em metades

Para decorar

100 g de pasta americana tingida de azul

3 xícaras (350 g) de açúcar de confeiteiro peneirado

3 claras

2½ colheres (chá) de suco de limão-siciliano

confeito de bolinhas prateadas

glitter comestível

12 unidades

1 Faça as estrelas com um dia de antecedência. Abra a pasta americana e corte as estrelinhas com um pequeno cortador de biscoito. Deixe secar por uma noite em superfície forrada com papel-manteiga.

2 Para fazer os cupcakes, preaqueça o forno a 180°C e coloque forminhas de papel nas cavidades da fôrma para doze muffins. Bata o açúcar com a manteiga até obter um creme; junte o ovo e as raspas de laranja. Peneire a farinha diretamente na massa e misture, à mão, delicadamente. Adicione o conhaque, as frutas secas e a cereja.

3 Divida a massa entre as forminhas e asse por 14 minutos, até os bolinhos crescerem e dourarem e um palito inserido no centro da massa sair limpo. Transfira-os para uma grade de metal e deixe esfriar.

4 Para decorar, bata o açúcar de confeiteiro com 2 claras até ficar cremoso e uniforme; junte o suco de limão. Distribua às colheradas pelos cupcakes e salpique com bolinhas prateadas. Espere firmar um pouco.

5 Coloque as estrelas de pasta americana no topo dos cupcakes, umedeça-as com a clara que sobrou e salpique com glitter comestível.

Lanterna de Halloween

As lanternas de abóbora são a cara do Dia das Bruxas. Cobertas com confeitos de cor viva e brilhante, elas vão ficar lindas em um prato decorado com confeitos de açúcar de outras cores fortes.

1 receita de massa de Cupcake com borboletas (p. 24)
1 receita de merengue (p. 24)
corante alimentício preto em pasta ou gel
corante alimentício cor de abóbora em pasta ou gel
confeitos ou açúcar cristal cor de abóbora
jujubas verdes
confeitos ou açúcar colorido, para decorar o prato

12 unidades

1 Preaqueça o forno a 180°C. Coloque forminhas de papel cor de abóbora nas cavidades da fôrma para doze muffins. Divida a massa de bolo entre elas, enchendo-as até dois terços da capacidade. Asse por 20 minutos, até os bolinhos crescerem e dourarem e um palito inserido no centro da massa sair limpo. Tire do forno e mantenha na fôrma por 5 minutos. Em seguida, transfira para uma grade de metal, para esfriar completamente.

2 Com o corante alimentício preto, tinja 6 colheres (sopa) do merengue. Tinja de abóbora o restante desse creme.

3 Com uma espátula, espalhe o creme cor de abóbora pelos cupcakes. Com o lado cego de uma faca ou um palito, faça riscos no creme, desenhando as ranhuras da casca de abóbora. Polvilhe com confeitos ou açúcar da mesma cor, cobrindo os bolinhos por inteiro.

4 Coloque o creme preto em um saquinho de confeiteiro com bico estrela. Desenhe olhos, nariz e boca sorridente no topo dos cupcakes. Prenda uma jujuba no topo de cada bolinho para simular o cabo da abóbora. Polvilhe o prato de servir com açúcar colorido.

Cupcake das bruxas

Nesses cupcakes há bem mais gostosura que travessura: docinhos e com toque de especiarias, são cobertos com teia de aranha de chocolate amargo e chocolate branco bem cremosos.

½ xícara (115 g) de açúcar mascavo

½ xícara (120 ml) de óleo de girassol

2 ovos

1 xícara (115 g) de abóbora ralada

raspas de 1 limão-siciliano

1 xícara (115 g) de farinha com fermento

1 colher (chá) de fermento em pó

1 colher (chá) de canela em pó

Para decorar

150 g de chocolate branco picado

25 g de chocolate meio amargo picado

12 unidades

1 Preaqueça o forno a 180°C. Coloque forminhas de papel coloridas nas cavidades da fôrma para doze muffins. Em uma tigela, misture com um garfo o açúcar mascavo, o óleo e os ovos. Adicione a abóbora ralada e as raspas de limão. Em outra tigela, junte a farinha com o fermento e a canela; peneire sobre a massa de açúcar e mexa tudo delicadamente.

2 Divida a massa entre as forminhas. Asse por 18 minutos, ou até um palito inserido no centro de um bolinho sair limpo. Transfira para uma grade de metal e deixe esfriar.

3 Para decorar, derreta os dois tipos de chocolate separadamente, em banho-maria. Quando estiverem quase derretidos e pastosos, tire do fogo; deixe esfriar por 5 minutos e espalhe o chocolate branco pelos bolinhos com uma colher.

4 Corte um quadrado grande de papel-manteiga e dobre para formar um triângulo. Enrole o triângulo até formar um cone e prenda com fita adesiva (p. 133). Coloque o chocolate meio amargo no cone e corte a ponta, formando um saco de confeitar, para desenhar com o chocolate. Faça um ponto de chocolate no centro de cada bolinho e depois desenhe três círculos concêntricos ao redor do ponto. Com um palito, partindo do ponto central de chocolate, risque uma linha até a borda do cupcake. Repita oito vezes para obter o efeito de teia de aranha. Sirva com o chocolate ainda cremoso.

Cupcake red velvet

Prepare para seu amor miniaturas desse cupcake clássico! Escolha uma forminha de papel que valorize esses lindos presentinhos para o Dia dos Namorados.

2 xícaras (225 g) de farinha de trigo

1 colher (chá) de bicarbonato de sódio

2 colheres (sopa) de cacau em pó

uma pitada de sal

1 xícara (225 g) de açúcar

225 g de manteiga sem sal em temperatura ambiente

2 ovos batidos

1 colher (chá) de extrato de baunilha

1 xícara (240 ml) de leitelho (p. 24)

1 colher (chá) de corante alimentício vermelho em pasta ou gel

Cobertura de marshmallow

1¼ xícara (250 g) de açúcar

1 colher (sopa) de água

4 claras

uma pitada de sal

Coração de marzipã

200 g de marzipã

corante alimentício vermelho em pasta ou glitter comestível

18 unidades

1 Preaqueça o forno a 180°C. Coloque forminhas de papel nas cavidades da fôrma. Peneire juntos a farinha, o bicarbonato, o cacau e o sal.

2 Bata o açúcar com a manteiga até obter um creme fofo. Junte os ovos, um de cada vez, batendo bem após cada adição. Acrescente a baunilha e adicione os ingredientes secos em duas levas, alternando com o leitelho; bata até uniformizar. Aos poucos, coloque corante alimentício suficiente para deixar a massa bem vermelha. Misture bem.

3 Divida a massa entre as forminhas, enchendo-as até dois terços da capacidade. Leve ao forno por 20 minutos, ou até um palito inserido no centro da massa sair limpo. Deixe na fôrma por 5 minutos. Em seguida, transfira para uma grade de metal até esfriar completamente.

4 Para fazer a cobertura, misture todos os ingredientes em banho-maria. Mexa lentamente até dissolver o açúcar e a mistura espumar. Deixe no fogo até atingir 60°C no termômetro de açúcar. Transfira para a batedeira e bata em velocidade média por 3 minutos, até a cobertura ficar firme e brilhante.

5 Espalhe imediatamente pelos cupcakes frios, modelando com a parte de trás de uma colher. Decore com coraçõezinhos de marzipã (pp. 42-3).

Como fazer o coração de marzipã

1 Tinja o marzipã de vermelho usando o corante alimentício. Para fazer um coração, pegue um pouquinho de massa e enrole na mão até formar um cilindro.

2 Junte delicadamente as pontas para fazer a parte de cima do coração.

3 Aperte o outro lado para formar a ponta do coração.

4 Coloque o coração pronto sobre papel-manteiga e repita a operação, fazendo unidades de tamanhos diferentes. Salpique com glitter comestível vermelho. Coloque sobre os cupcakes confeitados ao servir.

Cupcake para casamento

Esses bolinhos brancos decorados com flores são lindos e muito fáceis de fazer. Você pode mudar a cor (com corante alimentício), usar outras flores e fitas para combinar com a decoração da festa.

115 g de manteiga sem sal em temperatura ambiente

½ xícara (115 g) de açúcar

2 ovos

1 xícara (115 g) de farinha de trigo com fermento

2 colheres (sopa) de leite

1 colher (chá) de extrato de baunilha ou de raspas de limão-siciliano

Para decorar

renda branca ou fita de organza

1 clara

1 xícara (125 g) de açúcar de confeiteiro peneirado

½ colher (chá) de suco de limão-siciliano

flores brancas de pasta americana

12 unidades

1 Preaqueça o forno a 180°C. Coloque forminhas de papel nas cavidades da fôrma para doze muffins. Bata a manteiga com o açúcar até obter um creme claro e fofo. Junte os ovos, um de cada vez, batendo bem após cada adição.

2 Peneire a farinha diretamente sobre a massa e incorpore delicadamente. Acrescente o leite e a baunilha (ou as raspas de limão).

3 Divida a massa entre as forminhas. Asse por 18 minutos, ou até crescerem e dourarem e um palito inserido no centro da massa sair limpo. Transfira para uma grade de metal e deixe esfriar completamente.

4 Para decorar, prenda um pedaço de renda ou fita ao redor de cada forminha. Bata a clara com o açúcar de confeiteiro até ficar cremosa e misture o suco de limão. O glacê deve ficar líquido, para ser espalhado com uma colher. Se necessário, para atingir a consistência certa, adicione um pouco mais de suco de limão ou de açúcar de confeiteiro.

5 Espalhe o glacê pelos cupcakes e finalize com uma flor de pasta americana. Trabalhe rapidamente, pois o glacê endurece depressa.

Cupcake para batizado

Esses lindos bolinhos com toque de limão são perfeitos para servir no dia do batismo ou em outras festinhas de bebê. Também são do tamanho certo para saciar a vontade de doce. Use forminhas brancas ou decoradas com estampas graciosas.

115 g de manteiga sem sal em temperatura ambiente

½ xícara (115 g) de açúcar

2 ovos

1 xícara (115 g) de farinha de trigo com fermento

1½ colher (chá) de raspas finas de limão-siciliano

Para decorar

115 g de cream cheese

½ xícara (75 g) de açúcar de confeiteiro peneirado

1¼ colher (chá) de suco de limão-siciliano

corante alimentício rosa

corante alimentício azul

confeitos prateados

24 unidades

1 Preaqueça o forno a 180°C. Coloque forminhas de papel nas cavidades de uma fôrma para 24 minimuffins. Bata a manteiga com o açúcar até obter um creme claro e fofo. Junte os ovos, um de cada vez, batendo bem após cada adição. Peneire a farinha diretamente no creme e misture à mão. Incorpore as raspas de limão.

2 Encha as forminhas com a massa. Asse por 15 minutos, ou até um palito inserido no centro de um bolinho sair limpo. Transfira para uma grade e deixe esfriar completamente.

3 Para decorar os cupcakes, bata o cream cheese rapidamente para amolecer. Junte aos poucos o açúcar, bata até ficar uniforme e cremoso e adicione o suco de limão.

4 Divida a cobertura em duas tigelas e adicione algumas gotas de corante alimentício. Misture até conseguir os tons rosa-bebê e azul-bebê. Espalhe a cobertura sobre os bolinhos e decore com confeitos prateados.

Coração de framboesa

Conquiste seu amor com esses deliciosos bolinhos em forma de coração. O recheio é de creme com gostinho de limão e framboesa fresca. Use uma fôrma para muffin em formato de coração e forre com forminhas comuns de papel.

1 Preaqueça o forno a 180°C. Coloque forminhas de papel em doze forminhas de coração. Bata a manteiga com o açúcar até obter um creme fofo e claro. Junte os ovos, um de cada vez, batendo bem após cada adição. Peneire a farinha diretamente no creme e misture à mão. Incorpore as raspas e o suco de limão.

2 Encha as forminhas com a massa. Asse por 18 minutos, ou até um palito inserido no centro de um bolinho sair limpo. Transfira para uma grade e deixe esfriar completamente.

3 Para decorar, corte uma tampinha funda com 2,5 cm de diâmetro de cada cupcake.

4 Corte uma fatia de cada tampinha, de modo a conseguir pequenos discos de massa. Neles, recorte corações usando um minicortador nesse formato.

5 Misture o sour cream com o creme doce de limão e junte a framboesa, mexendo delicadamente. Recheie os bolinhos com o creme e enfeite com os coraçõezinhos de massa. Polvilhe generosamente com açúcar de confeiteiro.

115 g de manteiga sem sal em temperatura ambiente

½ xícara (115 g) de açúcar

2 ovos

1 xícara (115 g) de farinha de trigo com fermento

raspas e suco de ½ limão-siciliano

Para decorar

⅓ de xícara (75 ml) de sour cream* (creme azedo)

1 colher (sopa) de lemon curd** (creme de limão)

⅔ de xícara (70 g) de framboesa fresca

açúcar de confeiteiro, para polvilhar

12 unidades

*O sour cream já pode ser encontrado nos bons supermercados. Para fazê-lo em casa, misture 1 colher (sopa) de suco de limão para cada xícara (chá) de creme de leite fresco. Reserve por 1 hora antes de usar.

**Para o creme de limão: bata 3 colheres (sopa) de leite condensado com 1 colher (sobremesa) de suco de limão. Leve ao micro-ondas por 25 segundos.

Montanha de suspiro

Use esse método à prova de erro para fazer suspiros de casquinha crocante e interior macio. O melhor é usar a batedeira, pois o merengue leva 10 minutos para ficar firme e brilhante. Guarde o suspiro por até 4 dias em pote bem fechado.

1½ xícara (300 g) de açúcar
5 claras grandes
corante alimentício rosa em pasta
corante alimentício azul em pasta
1 colher (sopa) de cacau em pó
confeitos coloridos

12 unidades

1 Preaqueça o forno a 200°C e forre duas assadeiras com papel-manteiga. Coloque o açúcar em uma assadeira pequena e leve ao forno por 7 minutos, até ficar quente. Reduza a temperatura do forno para 110°C.

2 Em uma tigela limpa e sem resquícios de gordura, bata as claras até espumarem. Despeje todo o açúcar quente nas claras e bata sem parar e em velocidade alta por 10 minutos, até o merengue ficar bem firme, branco e frio. Divida-o em três tigelas.

3 Com um palito, adicione pequenas quantidades de corante rosa a uma das porções de merengue. Misture ligeiramente com uma colher grande de metal para obter um efeito marmorizado. Usando duas colheres, molde quatro suspiros nas assadeiras preparadas. Repita a operação com outra porção de merengue e o corante azul.

4 Peneire o cacau sobre a terceira porção de merengue e misture com cuidado até obter um efeito marmorizado. Molde os suspiros nas assadeiras, salpique com confeitos coloridos e leve ao forno por 90-105 minutos. Deixe esfriar nas assadeiras.

Mil-folhas de framboesa e limão

Morder as camadas crocantes de um mil-folhas e alcançar o recheio de creme e frutas é uma experiência deliciosa. Essa versão simplificada do clássico da confeitaria francesa (lá, é chamado de Napoléon) é fácil de montar e graciosa.

manteiga, para untar

250 g de massa folhada (descongelada)

farinha, para polvilhar

5 colheres (sopa) de lemon curd (p. 49)

1¼ xícara (300 ml) de sour cream (p. 49)

3½ xícaras (400 g) de framboesa

açúcar de confeiteiro, para polvilhar

8 unidades

1 Preaqueça o forno a 200°C e unte levemente uma assadeira. Em uma superfície enfarinhada, abra a massa folhada até atingir a espessura de 5 mm e corte em um retângulo de 30 cm x 15 cm.

2 Corte o retângulo de massa em oito quadrados iguais e arranje-os na assadeira. Asse por 10 minutos, ou até crescerem e dourarem. Transfira para uma grade e deixe esfriar completamente.

3 Quando os quadrados estiverem frios, corte-os ao meio, cuidadosamente, com faca serrilhada, para formar dezesseis retângulos. Na hora de montar, disponha oito retângulos de massa folhada em um prato de servir. Misture o sour cream com o lemon curd e coloque 2 colheres (sopa) desse creme em cada retângulo de massa.

4 Cubra com framboesa e um segundo retângulo de massa folhada. Polvilhe generosamente com açúcar de confeiteiro e sirva em seguida.

Tortinha de chocolate branco e framboesa

Essas tortinhas de frutas frescas são lindas, saborosas e muito fáceis de preparar. Feitas com massa folhada, o que confere um delicioso toque amanteigado, são uma bela surpresa e um ótimo presente.

farinha de trigo, para polvilhar
300 g de massa folhada (descongelada)
115 g de chocolate branco picado
2 ovos
6 colheres (sopa) (90 ml) de creme de leite fresco
¼ de xícara (50 g) de açúcar
2½ xícaras (300 g) de framboesa fresca
açúcar de confeiteiro, para polvilhar

12 unidades

1 Preaqueça o forno a 180°C. Em uma superfície enfarinhada, abra a massa folhada até atingir a espessura de 5 mm. Com um cortador de biscoitos, faça círculos de massa com o diâmetro das cavidades de uma fôrma para doze muffins. Transfira-os para a fôrma e aperte bem.

2 Derreta o chocolate em banho-maria, mexendo com uma colher de pau. Tire do fogo e deixe esfriar um pouco.

3 Na batedeira, misture os ovos, junte o creme de leite e o açúcar e bata. Adicione o chocolate e bata até homogeneizar.

4 Recheie as tortinhas com o creme de chocolate branco, usando uma colherinha. Asse por 15 minutos, ou até a massa ficar fofa e dourar e o recheio crescer (ele vai abaixar quando as tortinhas esfriarem). Mantenha na fôrma; depois, retire-as cuidadosamente. Coloque 3 framboesas em cada unidade e polvilhe com o açúcar de confeiteiro. Elas são mais gostosas se consumidas no mesmo dia. Deixe na geladeira até a hora de servir.

Palmier de queijo

Esses corações de massa folhada com toque de queijo e mostarda são muito fáceis de preparar e parecem feitos por um confeiteiro profissional. Um presente perfeito para quem prefere os salgados.

115 g de parmesão ralado na hora

340 g de massa folhada (descongelada)

1 colher (sopa) de mostarda de Dijon

½ colher (chá) de páprica doce

¼ de colher (chá) de pimenta-de-caiena ou pimenta-do-reino moída na hora

36 unidades

1 Forre duas assadeiras com papel-manteiga. Espalhe um pouco de parmesão ralado sobre uma superfície de trabalho e abra a massa folhada com rolo até conseguir um retângulo de 23 cm x 38 cm. Espalhe a mostarda pela massa. Misture o restante do queijo com a páprica e a pimenta e polvilhe sobre a massa.

2 Faça dobras na massa folhada (mas não aperte demais, pois ela pode não crescer como esperado no forno) seguindo estas instruções. Dobre cada lado da massa no sentido do comprimento até a metade do retângulo. Repita a operação nos dois lados: você terá quatro camadas de massa de cada lado. Finalmente, dobre um lado sobre o outro, formando uma espécie de tronco comprido de massa.

3 Com uma faca afiada, corte o tronco em fatias de 5 mm. Coloque-as nas assadeiras, deixando um bom espaço entre elas e dobrando ligeiramente as pontas para formar um "U", sem encostá-las, para que a massa folhada possa crescer. Leve à geladeira por 15 minutos. Preaqueça o forno a 220°C.

4 Asse por 8-10 minutos, ou até os palmiers crescerem, dourarem e ficarem crocantes. Transfira para uma grade e deixe esfriar completamente. Conserve em embalagem bem fechada e consuma em até 24 horas. Se necessário, aqueça um pouco no forno para ficar crocante.

Capítulo 2

Biscoitos

Um dos aspectos mais divertidos e criativos de fazer biscoitos em casa para presentear é pensar na decoração. Neste capítulo, você vai encontrar encantadoras sugestões em formato de sapatinho de bebê para celebrar um nascimento ou batizado, corações decorados com fitas para surpreender seu amor e outras lindas criações. Há também opções mais simples, tentadoras e surpreendentes que você vai adorar fazer, incluindo o clássico Gingerbread (bonequinho de gengibre), o delicioso Miniflorentine e o tradicional Lebkuchen alemão.

Miniflorentine

Quem resiste à combinação de chocolate, castanhas crocantes e frutas desse biscoito clássico? Acomodados em uma caixinha ou embalados com papel-celofane e fita, os florentines tornam-se lindos presentes.

1 Preaqueça o forno a 180°C e forre três assadeiras com papel-manteiga. Numa panela, leve ao fogo a manteiga, o açúcar e a glicose de milho. Mexa até a manteiga derreter. Tire do fogo.

2 Junte a farinha, as cerejas, a casca de laranja cristalizada, as nozes e as amêndoas. Transfira essa massa para as assadeiras às colheradas [meia colher (chá) cada], deixando espaço entre elas; no forno, a massa dos florentines vai se espalhar.

3 Asse por 8-10 minutos, ou até dourarem. Espere um pouco antes de transferir para uma grade de metal para esfriar completamente.

4 Derreta o chocolate em banho-maria, mexendo de vez em quando.

5 Espalhe um pouco de chocolate derretido sobre a parte de baixo de cada florentine. Deixe firmar sobre a grade de metal. Conserve em embalagem bem fechada por até 1 semana.

50 g de manteiga sem sal

¼ de xícara (50 g) de açúcar demerara (ou mascavo)

4 colheres (sopa) de glicose de milho

½ xícara (50 g) de farinha de trigo

4 cerejas cristalizadas bem picadas

⅓ de xícara (50 g) de casca de laranja cristalizada*

½ xícara (50 g) de nozes e amêndoa bem picadas

175 g de chocolate meio amargo picado

14 unidades

*Se quiser, use a receita da p. 111, seguindo os passos 1-2 apenas.

Biscotti com pedaços de chocolate

Esses biscoitos crocantes levam pedacinhos de chocolate e pecãs na massa. Uma delícia para acompanhar sorvete ou bebidas quentes.

3 ovos grandes em temperatura ambiente

1 xícara (200 g) de açúcar mascavo

raspas de uma laranja

115 g de manteiga sem sal derretida

2¾ xícaras (325 g) de farinha de trigo, mais um pouco para polvilhar

1 colher (sopa) de fermento em pó

¼ de xícara (25 g) de cacau em pó

100 g de chocolate meio amargo picado

1 xícara (100 g) de nozes-pecãs picadas

36 unidades

1 Preaqueça o forno a 180°C e forre duas assadeiras com papel-manteiga. Bata os ovos, o açúcar e as raspas de laranja até espumar. Junte a manteiga derretida e bata.

2 Peneire a farinha, o fermento e o cacau diretamente sobre o creme de ovo e manteiga. Misture com uma colher de pau e acrescente o chocolate picado e as pecãs.

3 Coloque a massa sobre uma superfície enfarinhada e divida em duas partes. Com as mãos enfarinhadas, coloque cada metade em uma assadeira e modele como se fosse um tijolo de 30 cm x 7,5 cm – no forno, a massa vai se espalhar. Asse por 25-30 minutos, ou até ficar firme (não asse demais).

4 Tire as assadeiras do forno e deixe esfriar completamente.

5 Reaqueça o forno a 180°C. Corte a massa assada em fatias diagonais com cerca de 1 cm. Acomode-as nas assadeiras e leve ao forno por cerca de 10 minutos, até ficarem secas e crocantes.

6 Transfira os biscoitinhos para uma grade de metal e deixe esfriar completamente. Conserve em embalagem bem fechada por até 3 semanas.

Whoopie pie de chocolate e menta

Esse é o tipo de guloseima que agrada a diversos paladares, graças à combinação de chocolate com menta. Os confeitos coloridos deixam tudo mais bonito.

175 g de chocolate meio amargo picado
175 g de manteiga sem sal
2 ovos
1 xícara (225 g) de açúcar mascavo
2 xícaras (250 g) de farinha de trigo com fermento
¾ de colher (chá) de fermento em pó
uma pitada de sal

Creme de menta

75 g de manteiga sem sal amolecida
1⅓ xícara (150 g) de açúcar de confeiteiro peneirado
½ ou 1 colher (chá) de essência de menta

Para decorar

200 g de chocolate meio amargo picado
confeitos coloridos

18 unidades

1 Derreta o chocolate com a manteiga em banho-maria, mexendo para uniformizar. Bata os ovos com o açúcar até obter um creme claro e fofo. Adicione o chocolate derretido e a farinha peneirada com o fermento e o sal. Trabalhe até formar uma massa firme, cubra e leve à geladeira por 2 horas.

2 Preaqueça o forno a 180°C e forre duas assadeiras com papel-manteiga. Molde bolinhos do tamanho de uma noz e coloque nas fôrmas. Asse por 12 minutos, ou até ficarem crocantes nas pontas, mas ainda macios no centro. Espere alguns minutos antes de transferir para uma grade de metal para esfriar completamente.

3 Para fazer o creme de menta, bata a manteiga na batedeira até ficar bem macia. Incorpore aos poucos o açúcar de confeiteiro. Adicione a essência de menta. Faça sanduíches com dois biscoitos recheados com o creme de menta.

4 Para decorar, derreta o chocolate em banho-maria. Mexa e deixe esfriar um pouco. Mergulhe metade dos whoopie pies no chocolate, salpique com os confeitos coloridos e deixe firmar sobre papel-manteiga.

Biscoito aromático sueco

Tradicionalmente preparados para as festas de Natal, esses biscoitos picantes podem ser servidos puros ou decorados com glacê branco.

1⅔ xícara (200 g) de farinha de trigo, mais um pouco para polvilhar

½ colher (chá) de bicarbonato de sódio

1 colher (chá) de canela em pó

1 colher (chá) de gengibre em pó

½ colher (chá) de pimenta-do-reino moída na hora

raspas de 1 laranja

¾ de xícara (150 g) de açúcar

115 g de manteiga sem sal gelada em cubos

1 ovo ligeiramente batido

1 colher (sopa) de melado

15 unidades

1 Bata todos os ingredientes no processador até obter uma massa uniforme.

2 Forme uma bola de massa e embrulhe em filme de PVC. Leve à geladeira por 1 hora, ou até firmar.

3 Preaqueça o forno a 160°C e unte duas assadeiras. Abra a massa com rolo em uma superfície levemente enfarinhada até atingir 5 mm de espessura. Enfarinhe um cortador em formato de estrela e molde os biscoitos. Junte as sobras de massa, abra de novo e corte mais estrelas. Coloque os biscoitos nas assadeiras, mantendo uma pequena distância entre eles, e leve à geladeira por 10 minutos.

4 Asse por 10-12 minutos, ou até dourarem. Mantenha nas fôrmas por 5 minutos, transfira para uma grade e deixe esfriar completamente. Conserve em embalagem bem fechada por até 1 semana ou congele por até 1 mês.

Chapeuzinho

Esses graciosos biscoitos são um presente perfeito para o Dia das Mães ou para incrementar um piquenique de verão. Para decorar, use tons pastel e bolinhas, laços, fitas ou penas de pasta americana.

Biscoitos

2¼ xícaras (250 g) de farinha de trigo

1 xícara (125 g) farinha de trigo com fermento

uma pitada de sal

⅔ de xícara (125 g) de açúcar

225 g de manteiga sem sal em temperatura ambiente

1 gema

1 colher (chá) de extrato de baunilha

Para decorar

12 marshmallows (opcional)

¼ de receita de glacê real branco (p. 132)

açúcar de confeiteiro, para polvilhar

pasta americana (125 g de cada cor: rosa, violeta e branco)

12 unidades

1 Peneire os dois tipos de farinha e o sal em uma tigela grande e reserve. Bata o açúcar com a manteiga até obter um creme fofo. Incorpore a gema e a baunilha. Adicione os ingredientes secos e bata novamente até homogeneizar e firmar a massa.

2 Embrulhe a massa em filme de PVC e leve à geladeira por no mínimo 1 hora. Preaqueça o forno a 200°C e forre uma assadeira com papel-manteiga.

3 Abra a massa com um rolo e faça doze biscoitos grandes com um cortador redondo ou oval.
A copa dos chapéus pode ser feita com marshmallow ou biscoito – neste caso, corte doze círculos menores de massa. Arranje os biscoitos na assadeira e leve à geladeira por 30 minutos. Asse por 12-16 minutos, ou até dourarem. Transfira para uma grade de metal e deixe esfriar completamente. Monte e decore os chapéus (pp. 70-1).

4 Use glacê real para colar a copa (de marshmallow ou círculo menor de biscoito) no centro dos biscoitos grandes.

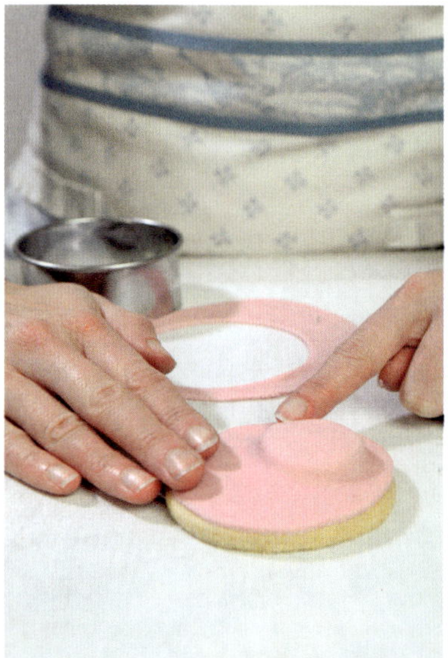

5 Polvilhe a superfície de trabalho com açúcar de confeiteiro e abra as três cores de pasta americana. Para fazer bolinhas na pasta americana, siga a técnica explicada na p. 134. Com um cortador um pouco maior que o utilizado para moldar os biscoitos grandes, faça três círculos (ou ovais) de cada cor de pasta americana. Coloque os recortes sobre os biscoitos e alise com os dedos.

6 Decore os chapéus alternando as cores e os detalhes. Para fazê-los com bolinhas, corte e utilize a pasta americana como no passo 5.

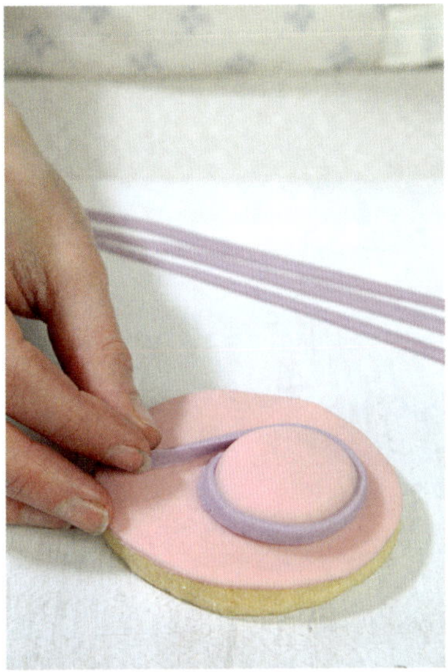

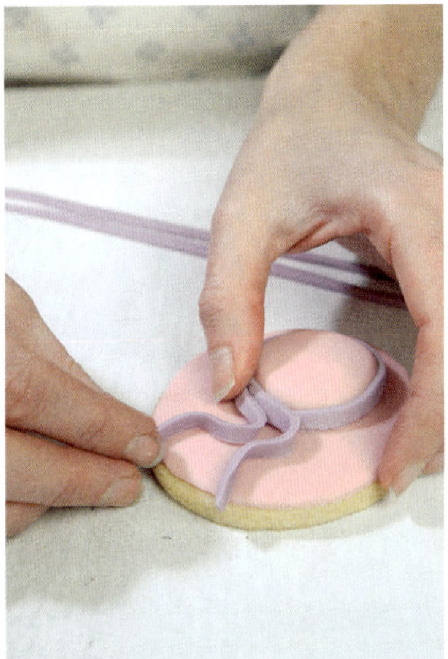

7 Corte as sobras de pasta americana em tiras finas e aplique ao redor da copa dos chapéus.

8 Corte mais tiras de pasta americana e aplique como fitas soltas ou laços.

9 Corte triângulos nas pontas de algumas "fitas" e faça os laços seguindo a técnica explicada no passo 3 da p. 72.

10 Molde florzinhas de massa com cortador e aplique.

11 Para modelar uma pena, enrole uma bolinha de pasta americana nos dedos até o formato de uma lágrima comprida. Achate a lágrima e, com uma faquinha, faça pequenos vincos nas laterais para imitar uma pena.

Presentinho

Esses pacotinhos em vermelho e branco são um mimo encantador. Os laços de pasta americana são fáceis de fazer. Mas, se não tiver tempo, apenas cubra os biscoitos com a pasta e amarre com fitas de cetim.

açúcar de confeiteiro, para polvilhar

200 g de pasta americana branca

200 g de pasta americana vermelha

12 biscoitos quadrados (siga os passos 1-3 da p. 69)

cola comestível (CMC, à venda em lojas de confeitaria) ou glacê real (p. 132)

12 unidades

1 Polvilhe uma superfície de trabalho com açúcar de confeiteiro. Prepare um pouco de pasta americana decorada com bolinhas (siga a técnica da p. 134). Corte quadrados de pasta americana do mesmo tamanho dos biscoitos.

2 Fixe a cobertura nos biscoitos com cola comestível ou uma gotinha de glacê real. Abra a massa com o rolo e corte tiras de 3 mm de espessura, 1 cm de largura e o comprimento dos biscoitos. Fixe duas tiras em cada biscoito para as fitas, seguindo as proporções da foto.

3 Para fazer um laço, corte uma tira de massa vermelha com 1 cm de largura e o dobro do comprimento que o laço acabado terá. Dobre as duas pontas da tira até que elas se encontrem na metade, formando os "arcos" do laço (para deixá-los abertos, use a ponta de um pincel ou um rolinho de papel-toalha). Faça o acabamento com uma tira um pouco mais fina de massa dobrada no centro do laço.

4 Para fazer as pontas do laço, corte tiras de massa com 1 cm de largura. Corte as tiras ao meio; dê piques triangulares nas pontas das tiras. Cole as tiras no centro do biscoito e, por cima, aplique o laço.

Biscoito de gengibre

Esses biscoitos aromatizados com especiarias são mais amanteigados que os bonequinhos de gengibre tradicionais. Se quiser que fiquem mais escuros, substitua o açúcar demerara pelo mascavo.

3 xícaras (350 g) de farinha de trigo, mais um pouco para polvilhar

1 colher (sopa) de gengibre em pó

1 colher (chá) de bicarbonato de sódio

1 colher (chá) de canela em pó

175 g de manteiga sem sal

¾ de xícara (150 g) de açúcar demerara ou mascavo

4 colheres (sopa) de glicose de milho

Para decorar

glacê real (p. 132)

confeitos prateados

fitas (opcional)

12-18 unidades

1 Peneire a farinha, o gengibre, o bicarbonato e a canela. Numa panela grande, derreta em fogo baixo a manteiga, o açúcar e a glicose de milho. Tire do fogo e adicione os ingredientes secos peneirados. Misture bem com uma colher de pau até formar uma massa firme; deixe esfriar até conseguir manuseá-la. Trabalhe a massa com as mãos em uma superfície enfarinhada até uniformizar. Faça uma bola, embrulhe em filme de PVC e leve à geladeira por 20 minutos, ou até firmar.

2 Preaqueça o forno a 180°C e forre duas assadeiras com papel-manteiga. Abra a massa com rolo em superfície levemente enfarinhada até atingir a espessura de 5 mm. Usando cortadores enfarinhados de diferentes formatos, molde os biscoitos. Coloque-os nas assadeiras, deixando espaço entre eles, e asse por 8-10 minutos, ou até dourarem. Se quiser usar os biscoitos como enfeites de Natal, utilize um palito ou canudo para fazer pequenos furos para passar uma fita. Transfira para uma grade e deixe esfriar completamente.

3 Decore os biscoitos com glacê ou glacê real aplicado com saco de confeitar e bico liso pequeno. Contorne os biscoitos com o glacê e decore com as bolinhas prateadas enquanto o glacê estiver úmido. Conserve por até 1 semana em embalagem bem fechada. Decore com as fitas.

Palitinho de chocolate

Feitos com massa leve e amanteigada, esses biscoitos de chocolate são salpicados de chocolate meio amargo. Eles derretem na boca e são perfeitos para servir com uma sobremesa cremosa ou acompanhando o café.

175 g de manteiga sem sal em temperatura ambiente
¼ de xícara (50 g) de açúcar
½ colher (chá) de extrato de baunilha
¼ de xícara (25 g) de cacau em pó
1¼ xícara (150 g) de farinha de trigo
½ colher (chá) de fermento em pó

Para decorar

75 g de chocolate meio amargo ou branco picado

30 unidades

1 Preaqueça o forno a 180°C e forre duas assadeiras com papel-manteiga. Bata a manteiga, o açúcar e a baunilha até obter um creme leve e fofo. Peneire o cacau, a farinha e o fermento e incorpore, à mão, mexendo até homogeneizar.

2 Coloque a massa num saco de confeitar com bico estrela grande. Faça os palitos com 10 cm de comprimento diretamente nas assadeiras preparadas, deixando um bom espaço entre eles. Leve ao forno por 15 minutos, ou até escurecerem um pouco nas pontas.

3 Tire do forno e deixe esfriar completamente nas assadeiras. Manuseie os biscoitos com cuidado, pois são muito frágeis.

4 Para decorar, derreta o chocolate em banho-maria. Mergulhe um garfo ou colher de chá no chocolate derretido e deixe pingar sobre os biscoitos, fazendo um movimento de zigue-zague. Deixe firmar e guarde em recipiente bem fechado por até 5 dias.

Gingerbread

Um clássico entre os quitutes para presentear, por isso é possível encontrar cortadores de vários tipos e tamanhos. Para essa receita, utilize um pequeno – a massa rende mais, e eles ficam lindos pendurados na árvore de Natal.

115 g de manteiga sem sal, mais um pouco para untar

3 xícaras (350 g) de farinha de trigo, mais um pouco para polvilhar

1 colher (chá) de bicarbonato de sódio

1 colher (chá) de gengibre em pó

¾ de xícara (175 g) de açúcar demerara ou mascavo

4 colheres (sopa) de glicose de milho

1 ovo batido

uva-passa e fita, para decorar

12-16 unidades

1 Preaqueça o forno a 190°C. Unte levemente três assadeiras grandes. Misture a manteiga com a farinha, o bicarbonato de sódio e o gengibre e amasse com os dedos até obter uma farofa.

2 Junte o açúcar, a glicose de milho e o ovo. Misture bem até homogeneizar, sovando um pouco se necessário.

3 Enfarinhe uma superfície de trabalho e divida a massa em duas partes. Abra uma das porções até atingir 5 mm de espessura. Corte os bonequinhos e arranje nas assadeiras preparadas. Faça os olhos e os botões da roupa com uva-passa. Repita a operação com a outra metade de massa.

4 Asse por 10-12 minutos ou até dourarem. Espere esfriar um pouco antes de transferir os bonequinhos para uma grade de metal. Amarre a fitinha para decorar e guarde em recipiente bem fechado por até 1 semana.

Sapatinho de bebê

Faça esses lindos biscoitinhos para presentear pais de primeira viagem ou celebrar o primeiro aniversário do bebê. Para meninas, decore-os com rendinha de glacê e botão de flores; para meninos, use botões, estrelas e bolinhas.

12 biscoitos em formato de sapatinho de bebê (siga os passos 1-3 da p. 69)

½ receita de glacê real cor-de-rosa ou azul (p. 132)

¼ de receita de glacê real branco

¼ de receita de glacê real amarelo (p. 132)

açúcar de confeiteiro, para polvilhar

100 g de pasta americana branca

cola comestível (CMC, à venda em lojas de confeitaria) ou glacê real (p. 132)

12 unidades

1 Com um saco de confeitar e bico liso pequeno, contorne e preencha os biscoitos assados com glacê real colorido (p. 134). Use glacê branco, amarelo, cor de rosa ou azul para a borda e o preenchimento.

2 Aplique bolinhas de glacê branco em alguns biscoitos enquanto o glacê do preenchimento ainda estiver úmido; use a técnica "molhada" (p. 134).

3 Quando o glacê secar, faça uma borda de acabamento com saco de confeitar e bico fininho.

4 Polvilhe a superfície de trabalho com açúcar de confeiteiro e abra a pasta americana branca. Corte flores, estrelinhas e círculos com cortadores de biscoito pequenos para fazer o botão no fecho dos sapatinhos. Fixe com cola comestível ou uma gota de glacê real e faça os furinhos do botão com um palito.

Biscoito dos namorados

Prepare esses deliciosos biscoitos em formato de coração e decore-os com glacê colorido e um laço de fita. Embrulhe com papel-celofane e finalize com um laço.

75 g de manteiga sem sal, mais um pouco para untar

½ xícara (100 g) de açúcar

1 ovo grande

1¼ xícara (150 g) de farinha de trigo, mais um pouco para polvilhar

½ colher (chá) de fermento em pó

½ colher (chá) de sal

glacê vermelho e branco

flores de açúcar

fita

sacos de papel-celofane (opcional)

25 unidades

1 Bata a manteiga com o açúcar até obter um creme fofo. Junte e bata o ovo. Acrescente a farinha, o fermento e o sal peneirados juntos. Misture tudo até formar uma bola de massa. Embrulhe em filme de PVC e leve à geladeira por 1 hora.

2 Preaqueça o forno a 180°C e unte uma assadeira. Polvilhe uma superfície com farinha de trigo e abra a massa com rolo até atingir a espessura de 5 mm. Molde os corações usando um cortador de biscoito nesse formato.

3 Antes de assar, use um canudo para fazer pequenas aberturas no centro superior dos corações. Distribua os biscoitos pela assadeira, deixando espaço entre eles. Leve ao forno por 10-12 minutos, ou até dourarem. Quanto mais finos, menor será o tempo de forno. Transfira-os para uma grade de metal e deixe esfriar completamente.

4 Aplique bolinhas de glacê branco e vermelho (que podem ser compradas prontas, em tubos, em lojas de confeitaria) na borda dos biscoitos.

5 Use um pouquinho de glacê para colar uma flor de açúcar no centro de cada coração e espere secar. Corte 20 cm de fita para cada biscoito e passe pela abertura central. Faça um laço e corte as pontas da fita na diagonal. Embrulhe em sacos de papel-celofane.

Bolo de gengibre com chocolate

Surpresa! Eis aqui a versão em bolo do biscoito mais americano. Essa receita de família é uma delícia mesmo sem cobertura, mas pode ser um presente especial quando coberta com chocolate. Sirva o bolo inteiro ou cortado em quadrados.

115 g de manteiga sem sal, mais um pouco para untar

1 xícara (200 g) de açúcar mascavo

1 xícara (250 g) de glicose de milho

3½ xícaras (400 g) de farinha de trigo

1½ colher (chá) de fermento em pó

½ colher (chá) de bicarbonato de sódio

2½ colheres (chá) de gengibre em pó

1 ovo levemente batido

⅔ de xícara (150 ml) de leite

Cobertura

1¼ xícara (150 g) de açúcar de confeiteiro peneirado

¼ de xícara (25 g) de cacau em pó peneirado

50 g de manteiga sem sal amolecida

1 xícara (100 g) de nozes bem picadas

16 fatias

1 Preaqueça o forno a 150°C. Unte e forre uma fôrma quadrada (23 cm) com papel-manteiga. Em fogo baixo, derreta a manteiga com o açúcar e a glicose de milho. Mexa sem parar até o açúcar dissolver completamente. Tire do fogo e deixe esfriar.

2 Peneire a farinha, o fermento, o bicarbonato e o gengibre em pó. Junte a mistura de manteiga derretida e mexa. Incorpore o ovo e o leite.

3 Despeje a massa na fôrma preparada e asse por 75-90 minutos, ou até um palito inserido no centro do bolo sair limpo. Não asse demais, pois ficará seco. Deixe esfriar na fôrma.

4 Para a cobertura, bata o açúcar, o cacau e a manteiga amolecida. Vá acrescentando água quente aos poucos, 1 colher (sopa) de cada vez, incorporando bem após cada adição. Deve ficar com a consistência de um creme grosso, mas fácil de espalhar. Passe uma camada uniforme sobre o bolo frio e faça desenhos com um garfo. Salpique com as nozes, se quiser; quando a cobertura tiver endurecido, corte o bolo em quadrados de 6 cm.

Gato e chapéu de bruxa

Entre no clima de Halloween com esses quitutes. Para fazer os bichanos, procure cortadores de biscoito do mesmo tamanho, mas em "poses" diferentes. Decore com confeitos e açúcar coloridos.

farinha de trigo, para polvilhar

1 receita de massa de Biscoito de gengibre com chocolate (p. 141)

glacê real (p. 132)

corante alimentício em pasta verde e preto

confeitos pretos e cor de abóbora

açúcar colorido verde e cor de abóbora

10-12 unidades

1 Preaqueça o forno a 160°C e forre duas assadeiras com papel-manteiga. Polvilhe uma superfície de trabalho com farinha e abra a massa de biscoito até atingir a espessura de 3 mm. Molde gatos e chapéus de bruxa com cortadores de biscoito; junte as sobras de massa, abra novamente e corte mais figuras. Coloque nas assadeiras preparadas e asse por 10-12 minutos, ou até os biscoitos firmarem e dourarem nas pontas. Deixe esfriar completamente antes de aplicar o glacê.

2 Coloque 2 colheres (chá) de glacê real em uma tigelinha, cubra e reserve. Em outra tigela, tinja de verde 3-4 colheres (sopa) de glacê; cubra e reserve. Tinja de preto o glacê restante.

3 Com o glacê preto em um saco de confeitar com bico liso e estreito, trace uma linha fina na borda de cada biscoito. Deixe secar por 10 minutos. Preencha os biscoitos (p. 134) com o glacê preto. Espalhe os confeitos pretos e cor de abóbora em um prato pequeno e mergulhe a borda dos chapéus. Deixe secar por 20 minutos.

4 Com o glacê verde em outro saco de confeitar, desenhe uma fita em cada chapéu e uma coleira em cada gato. Com cuidado, salpique a fita dos chapéus com açúcar colorido verde e cor de abóbora. Faça os olhos dos gatos com glacê branco e um pontinho de glacê preto. Deixe secar completamente.

Etiqueta para presente

Esses biscoitos são um belo acompanhamento para presentes e podem ser usados para marcar o lugar dos convidados em um casamento ou aniversário. O molde retangular pode ser feito de papel-cartão.

farinha de trigo, para polvilhar

1 receita de biscoito de gengibre com chocolate (p. 141)

1 receita de glacê real (p. 132)

corante alimentício em pasta azul e cor-de-rosa

fita fina de cetim

10-12 unidades

1 Preaqueça o forno a 160°C e forre duas assadeiras com papel-manteiga. Faça um molde de cartão com 13 cm x 7,5 cm e corte triângulos nos cantos superiores para fazer a etiqueta. Polvilhe uma superfície de trabalho com farinha e abra a massa até atingir a espessura de 3 mm. Corte os biscoitos seguindo o molde. Junte as sobras de massa, abra de novo e corte mais biscoitos.

2 Coloque-os nas assadeiras. Com um palito ou canudo, faça no alto das etiquetas o furo pelo qual passar a fita. Asse os biscoitos em quantas fornadas for necessário, com a assadeira no centro do forno, por 10-12 minutos, ou até os biscoitos firmarem e dourarem nas pontas. Espere esfriar completamente antes de aplicar o glacê.

3 Coloque 3 colheres (sopa) de glacê real em uma tigela e reserve. Divida o glacê restante em duas partes e tinja uma delas de azul e a outra de cor-de-rosa. Com o glacê branco em um saco de confeitar com bico liso fino, faça o primeiro contorno das etiquetas (p. 133) e espere firmar. Preencha os biscoitos com glacê rosa ou azul (p. 134) e deixe secar por 20 minutos.

4 Adicione às sobras de glacê rosa e azul um pouquinho mais de corante, para obter um tom mais intenso. Coloque-os em saquinhos de confeiteiro limpos e aplique linhas e bolinhas nas bordas dos biscoitos e ao redor da abertura da fita, como na foto. Deixe secar antes de passar a fita.

Lebkuchen

Na Alemanha, não existe Natal sem esse biscoito. Essa versão é mais leve que a tradicional, à base de merengue e castanhas e com seis especiarias em vez de sete – mais suave e crocante, mas saborosa.

¾ de xícara (100 g) de amêndoa

25 g de chocolate meio amargo picado

2 colheres (sopa) de casca de laranja cristalizada bem picada (p. 111)

½ colher (chá) de canela em pó

½ colher (chá) de gengibre em pó

¼ de colher (chá) de noz-moscada ralada na hora

¼ de colher (chá) de pimenta-do-reino moída na hora

¼ de colher (chá) de cravo em pó

¼ colher (chá) de pimenta-da-jamaica em pó

2 claras grandes

1 xícara (115 g) de açúcar de confeiteiro peneirado

Para decorar

150 g de chocolate meio amargo picado

16 unidades

1 Preaqueça o forno a 150°C e forre duas assadeiras com papel-manteiga. Triture as amêndoas e o chocolate picado no processador até formar uma farofa fina. Adicione a casca de laranja cristalizada picada e todas as especiarias.

2 Em uma tigela bem limpa, seca e sem vestígios de gordura, bata as claras até o ponto de neve firme. Com a batedeira ligada, adicione aos poucos o açúcar de confeiteiro. Quando estiver todo incorporado, bata por mais 1 minuto, até obter um merengue firme e brilhante. Polvilhe a superfície com a farofa dos ingredientes secos e incorpore delicadamente, à mão, com uma colher grande de metal.

3 Tire colheradas dessa massa e coloque nas assadeiras preparadas, deixando bastante espaço entre elas. Com uma faca sem ponta, espalhe os montinhos de massa até formar discos com aproximadamente 7,5 cm de diâmetro. Asse por 15-20 minutos, até firmarem e dourarem levemente.

4 Transfira os Lebkuchen para uma grade de metal e deixe esfriar completamente. Remova-os do papel-manteiga. Para decorar, derreta o chocolate em banho-maria, mexendo delicadamente. Tire do fogo e espalhe chocolate derretido em um dos lados do biscoito; deixe secar sobre papel-manteiga. Guarde em recipiente bem fechado por até 4 dias.

Capítulo 3

Chocolates *e* docinhos

Ovinhos de açúcar com uma surpresa, fudge saboroso e delicados camafeus à moda antiga estão entre os doces que você vai encontrar neste capítulo. Comprados prontos, eles já são uma tentação, mas um presente desses feito em casa é imbatível! Prepare-os para as pessoas queridas e embrulhe com capricho.

Bombom de violeta e rosas

O sabor sutil de violeta e rosas aparece quando o chocolate derrete na boca. É uma guloseima tradicional da era vitoriana, irresistível e, surpresa, também muito fácil de fazer. Prepare uma boa quantidade – eles são tão gostosos que o risco é comer tudo antes mesmo de embrulhar!

350 g de pasta americana

1 colher (sopa) de glicose de milho

½ colher (sopa) de xarope de violeta*

corante alimentício roxo e rosa

½ colher (sopa) de água de rosas

maisena, para polvilhar as mãos

200 g chocolate meio amargo picado

florzinhas de açúcar, para decorar

30 unidades

*Pode ser encontrado em empórios de bebidas e importados.

1 Divida a pasta americana em duas partes. No processador ou à mão, misture uma delas com meia colher (sopa) de glicose de milho, xarope de violeta e (opcional) um pouquinho de corante alimentício roxo. A mistura deve ficar bem úmida, mas firme o suficiente para manusear e moldar os bombons. Repita a operação com a outra parte da pasta, usando a água de rosas e o corante rosa.

2 Para enrolar os docinhos, polvilhe as mãos com maisena. Faça quinze bombons ovais de cada cor e deixe-os secar por uma noite sobre papel-manteiga.

3 Derreta o chocolate em banho-maria. Tire do fogo e deixe esfriar um pouco.

4 Mergulhe os bombons no chocolate e deixe firmar sobre uma grade de metal. Quando tiverem endurecido um pouco, coloque uma florzinha de açúcar em cada um. Deixe o chocolate firmar completamente. Guarde em local fresco e escuro, em recipiente bem fechado, por até 1 mês.

Bolinha de caramelo e chocolate

Esses docinhos coloridos são um deleite também para os olhos. A massa é dura, por isso recomendamos que você faça bolinhas bem pequenas. Elas ficam lindas em um saquinho de papel--celofane ou em potes de vidro decorados com fita.

25 g de manteiga
1 xícara (250 ml) de creme de leite fresco
1½ xícara (300 g) de açúcar
½ xícara (55 g) de cacau em pó
1 colher (sopa) de mel

Cobertura

115 g de chocolate meio amargo picado
confeitos coloridos

20 unidades

1 Em uma panela grande em fogo médio, derreta a manteiga com o creme de leite, o açúcar, o cacau e o mel. Mexa sem parar até o açúcar dissolver. Espere ferver e mantenha, mexendo de vez em quando, até o ponto de bala mole, quando o termômetro de açúcar marcar 115°C (p. 136).

2 Deixe esfriar até uma temperatura confortável para manusear a massa – não muito fria, pois começa a endurecer. Faça bolinhas pequenas e deixe esfriar completamente sobre papel-manteiga.

3 Derreta o chocolate em banho-maria e tire do fogo.

4 Mergulhe as bolinhas no chocolate, uma de cada vez, e passe pelos confeitos coloridos. Deixe secar sobre papel-manteiga e guarde em recipiente bem fechado.

Delícia turca

Tradicional no Oriente Médio, esse doce é preparado há pelo menos 200 anos, e reza a lenda que costumava ser presenteado como prova de amor. As crianças podem ajudar, mas somente na finalização.

óleo vegetal, para untar
2⅓ xícaras (500 g) de açúcar
suco de meio limão-siciliano
suco de meia laranja
¼ de colher (chá) de cremor de tártaro
⅔ de xícara (75 g) de maisena
2 xícaras (500 ml) de água quente
2 colheres (sopa) de mel
1 colher (chá) de água de rosas
corante alimentício rosa
açúcar de confeiteiro

9 unidades

1 Unte levemente com óleo vegetal uma fôrma rasa quadrada (20 cm). Em uma panela, leve ao fogo médio o açúcar, meia xícara (125 ml) de água e os sucos de limão e de laranja, mexendo até dissolver o açúcar. Aumente o fogo e ferva sem mexer até a calda atingir o ponto de bala mole, quando o termômetro de açúcar marcar 115°C (p. 136). Tire a panela do fogo e, cuidadosamente, incorpore o cremor de tártaro. Deixe esfriar por 10-15 minutos.

2 Em uma jarra de vidro, misture um terço de xícara (75 ml) de água fria com a maisena. Junte 2 xícaras de água quente (500 ml). Transfira para uma panela em fogo baixo e ferva, mexendo sem parar até obter um creme grosso e liso. Retire e adicione, aos poucos, a calda de açúcar ainda quente, mexendo com uma colher de pau. Leve ao fogo baixo e mantenha por 25 minutos, mexendo de vez em quando para não grudar no fundo. Retire do fogo.

3 Junte o mel, a água de rosas e algumas gotas de corante alimentício. Deixe esfriar por 2 minutos e despeje a mistura na fôrma preparada. Espere esfriar completamente e leve à geladeira por uma noite para firmar.

4 Peneire açúcar de confeiteiro sobre uma superfície de trabalho. Passe uma faquinha pelas laterais da fôrma para soltar o doce e desenforme-o sobre o açúcar. Polvilhe com mais açúcar e corte em quadrados. Guarde em recipiente bem fechado por até 4 dias.

Ovo de chocolate

Fazer ovos de Páscoa em casa é fácil – escolha o molde e siga as instruções. O resultado é um presente bonito, original e econômico.

cerca de 100 g de chocolate meio amargo ou branco picado (a quantidade vai depender do tamanho dos moldes)

glacê real (p. 132), chocolate derretido, flores de açúcar e fitas (opcional), para decorar

4 unidades (pequenas)

1 Derreta o chocolate em banho-maria, mexendo de vez em quando. Deixe esfriar um pouco.

2 Prepare quatro moldes pequenos de ovo de chocolate: eles devem ser bem limpos e polidos com uma bolinha de algodão, pois assim será mais fácil desenformar o chocolate. Com um pincel, espalhe uma camada fina de chocolate nos moldes. Leve à geladeira por 10 minutos. Faça mais uma camada de chocolate e retorne à geladeira por mais 10 minutos. Repita até fazer quatro camadas; a última deve ficar na geladeira por 20 minutos. Tire do molde quando o chocolate tiver endurecido completamente.

3 Aqueça no forno uma assadeira antiaderente. Tire do forno e coloque os ovos com o lado côncavo para baixo na chapa quente por 2-3 segundos, para derreterem um pouco. Junte as duas metades dos ovos e leve à geladeira por 5 minutos.

4 Na hora de decorar, manuseie os ovos o mínimo possível. Acomode-os em um recipiente de vidro (copo ou tigela) para que não saiam do lugar e decore com glacê real ou chocolate aplicado com saco de confeiteiro. Finalize com flores de açúcar, usando uma gotinha de chocolate derretido para fixá-las. Se quiser, decore os ovos com fitas.

Jujuba de maçã

Esses docinhos trazem boas recordações da infância. Além de maçã, eles podem ser feitos com outras frutas cuja polpa cozida fique bem espessa – pera, damasco ou ameixa. Presenteie em uma caixinha!

1 kg de maçã descascada e picada grosseiramente

açúcar

suco de 1 limão-siciliano

2 envelopes de gelatina sem sabor

1 xícara (125 g) de açúcar cristal

20 unidades

1 Em uma panela, leve ao fogo a maçã picada com um pouco de água, apenas o suficiente para que a fruta não grude no fundo. Após ferver, abaixe o fogo e cozinhe até ficar bem macia. Coe e aperte em um pano fino para remover todo o líquido. Passe a polpa pelo processador.

2 Pese o purê de fruta processado e junte o mesmo peso de açúcar. Leve ao fogo baixo em uma panela e adicione o suco de limão. Aqueça para dissolver o açúcar e, em seguida, aumente o fogo para ferver. Cozinhe até a polpa se tornar uma pasta espessa. Retire do fogo.

3 Dissolva a gelatina seguindo as instruções da embalagem e junte à pasta de fruta, misturando bem. Coloque em uma assadeira e deixe firmar por uma noite.

4 Ponha o açúcar cristal em uma tigela grande. Corte as jujubas com um cortador pequeno em formato de coração e passe no açúcar. Deixe secar sobre papel-manteiga em temperatura ambiente. Conserve em recipiente bem fechado, fora da geladeira.

Trufa de Natal

Essas trufas combinam com o Natal mesmo sem enfeites, mas, se quiser, pode decorá-las com pedacinhos de pasta americana verde e vermelha, imitando folhas e frutos, ou com glacê real, como em um bolo de frutas. Para um sabor ainda mais especial, acrescente à massa um pouco de rum ou conhaque.

200 g de chocolate meio amargo picado

2 xícaras (125 g) de bolo de chocolate industrializado em migalhas

$^2/_3$ de xícara (75 g) de amêndoa moída

cacau em pó, para polvilhar

forminhas metalizadas

8 unidades

1 Derreta o chocolate em banho-maria, mexendo de vez em quando. Retire do fogo.

2 Adicione ao chocolate derretido as migalhas de bolo com a amêndoa. Quando estiver bem incorporado, cubra a tigela e leve à geladeira por 30 minutos, até firmar. Nesse estágio, essa preparação bem vedada pode ficar na geladeira por até 3 dias.

3 Tire porções da massa com uma colher (chá) e faça bolinhas. Mergulhe-as em uma tigela com cacau em pó; remova o excesso. Coloque as trufas em forminhas metalizadas e leve à geladeira para firmar. Acomode em caixinhas ou guarde em recipiente bem fechado. Conserve em local fresco ou na geladeira por até 1 semana.

Butterscotch

Essa guloseima é uma espécie de brownie recheado com balas de caramelo, pedaços de chocolate, castanhas e cobertura de caramelo. Fica ainda mais bonito decorado com fios de açúcar queimado.

1 Preaqueça o forno a 160°C. Unte e forre com papel-manteiga uma assadeira de 20 cm x 30 cm. Coloque as pecãs em outra assadeira e toste no forno por 5 minutos. Pique e deixe esfriar.

2 Peneire a farinha, o fermento, o bicarbonato e o sal. À parte, bata a manteiga com os dois tipos de açúcar até obter um creme claro e fofo. Junte um ovo de cada vez, batendo após cada adição. Acrescente a baunilha. Incorpore os ingredientes secos à mão; adicione o chocolate picado, as pecãs tostadas e as balas. Transfira a massa para a assadeira às colheradas, alise e asse por 25 minutos, ou até um palito inserido no centro sair limpo. Não asse demais para não ressecar. Deixe esfriar na assadeira.

3 Para decorar, leve ao fogo médio o açúcar e 1 colher (sopa) de água numa panela com fundo grosso. Deixe o açúcar dissolver sem mexer. Aumente o fogo e deixe até dourar. Retire e, com cuidado, junte o creme de leite. Se o caramelo chiar e endurecer, continue mexendo com um batedor de arame. Ele vai derreter e virar um creme liso. Deixe esfriar. Bata a manteiga até ficar leve e fofa. Com a batedeira ligada, despeje o caramelo num fio constante e bata até ficar uniforme.

4 Tire o bolo da assadeira e corte em quadrados. Coloque o creme de caramelo em um saco de confeitar com bico liso médio e decore cada quadrado com uma serpentina. Finalize com fios de açúcar queimado.

¾ de xícara (75 g) de nozes-pecãs

2 xícaras (225 g) de farinha de trigo

1 colher (chá) de fermento em pó

½ colher (chá) de bicarbonato de sódio

uma pitada de sal

150 g de manteiga amolecida

¾ de xícara (150 g) de açúcar mascavo claro

½ xícara (100 g) de açúcar demerara

2 ovos ligeiramente batidos

1 colher (chá) de extrato de baunilha

⅓ de xícara (50 g) de chocolate bem picado

10 balas de caramelo picadas

Para decorar

¾ de xícara (150 g) de açúcar

⅔ de xícara (150 ml) de creme de leite fresco

200 g de manteiga amolecida

fios de açúcar queimado (opcional)

16-20 unidades

Fudge de chocolate

A guloseima preferida dos ingleses e americanos para os momentos de indulgência, em uma receita simples e rápida. Esses quadradinhos com textura de puxa-puxa fazem sucesso com os apaixonados por doces.

55 g de manteiga sem sal em cubos, mais um pouco para untar

100 g de chocolate meio amargo picado

2 colheres (sopa) de creme de leite fresco

1 colher (chá) de extrato de baunilha (ou rum escuro)

1 colher (sopa) de glicose de milho

2 xícaras (225 g) de açúcar de confeiteiro peneirado

20 unidades

1 Unte uma assadeira rasa quadrada (18 cm). Derreta o chocolate em banho-maria, mexendo sem parar. Retire do fogo e misture o creme de leite, o extrato de baunilha e a glicose de milho.

2 Primeiro com uma colher de pau e depois com as mãos, misture o açúcar de confeiteiro à pasta de chocolate. Junte o açúcar aos poucos, uma colher (sopa) de cada vez. Mexa até formar uma massa encorpada e uniforme. Se essa massa ficar dura antes de todo o açúcar ser incorporado, retorne ao fogo e aqueça por um minuto.

3 Transfira a massa para a assadeira preparada e pressione deixando uma camada uniforme. Leve à geladeira para firmar, desenforme e corte em quadrados com uma faca grande e afiada. Conserve na geladeira por até 10 dias.

Casca de laranja cristalizada

Muito fáceis de fazer, essas tirinhas de laranja com chocolate ficam lindas em uma embalagem de presente. A mistura de cítrico com chocolate é um toque de sabor perfeito para finalizar um jantar.

4 laranjas grandes
1 litro de água
1½ xícara (275 g) de açúcar
300 g de chocolate meio amargo picado
fita, para amarrar

24 unidades

1 Com uma faca afiada, corte as laranjas em quatro partes. Remova a polpa e o máximo de pele branca possível sem danificar a casca. Corte a casca em tirinhas com 1 cm de largura. Reserve.

2 Ferva a água com o açúcar por 5 minutos. Abaixe o fogo, junte a casca de laranja e cozinhe por cerca de 2 horas – a calda vai reduzir bastante. Retire do fogo e deixe esfriar. Escorra e deixe esfriar totalmente sobre papel-manteiga.

3 Derreta o chocolate em banho-maria, mexendo com uma colher de pau. Mergulhe as tirinhas de casca até a metade no chocolate derretido. Deixe sobre papel-manteiga até esfriar e endurecer.

4 Monte pequenos feixes de casca coberta de chocolate e amarre com fita. Corte as pontas da fita na diagonal, para evitar que desfiem.

Camafeu de chocolate

Esses delicados chocolates com formato de joia antiga são um presente lindo e elegante. Como inspiração, os broches vitorianos que destacavam um perfil feminino em uma moldura oval. Os moldes podem ser comprados pela internet ou em lojas especializadas.

200 g de chocolate branco picado
300 g de chocolate ao leite picado
corante alimentício em pasta azul e cor-de-rosa

16 unidades

1 Derreta o chocolate branco em banho-maria, mexendo com uma colher de pau. Retire do fogo e deixe esfriar um pouco. Usando um pincel, espalhe o chocolate branco na parte interna de cada molde, apenas na área destinada ao rosto. Dê pancadinhas nos moldes para assentar e eliminar bolhas. Leve à geladeira por 15 minutos.

2 Para a parte de chocolate ao leite, derreta o chocolate como explicado acima. Complete os moldes sobre a parte branca, dê pancadinhas para assentar e leve à geladeira por 30 minutos.

3 Para as bases azuis e cor-de-rosa, tinja com corante alimentício pequenas porções do chocolate branco. Se você tem a mão firme, experimente pintar um pequeno detalhe de chocolate colorido (como as flores rosadas da foto) antes de fazer o rosto de chocolate branco. Leve à geladeira por 15 minutos e depois complete o molde com chocolate azul ou rosa, como explicado no passo 2.

4 Tire os moldes da geladeira, inverta e bata delicadamente para remover os camafeus de chocolate, que deverão se soltar facilmente.

Ovinho de açúcar

Esses ovinhos coloridos enfeitam a mesa na Páscoa e ficam lindos em uma caixa de presente. Para aumentar a surpresa, esconda em cada ovo um doce ou um brinquedinho. Você vai precisar de forminhas de plástico transparente para fazer as metades que serão unidas, formando ovinhos.

2 ½ xícaras (500 g) de açúcar

2 colheres (chá) de pó para merengue

corante alimentício em pasta em pelo menos 4 cores diferentes

6 minidoces ou presentinhos para rechear os ovos

6 unidades

1 Divida o açúcar em quatro tigelas; cada uma com meia xícara (125 g) de açúcar. Acrescente meia colher (chá) de pó para merengue a cada tigela e misture.

2 Em outra tigela, misture meia colher (chá) de água e uma pequena quantidade do corante alimentício (medido com a ponta de um palito).

3 Despeje a água colorida em uma das tigelas de açúcar e misture bem com as mãos. O açúcar deve ficar com aspecto de areia molhada. Aperte-o bem e faça uma marca com o dedo: se ela permanecer, o açúcar está pronto para ir para o molde.

4 Repita os passos 2 e 3 usando cores diferentes. Prepare os ovos como indicado nas pp. 116-7.

5

6

7

8

5 Com uma colher de chá, forre um quarto das cavidades da fôrma com uma das cores de açúcar. Aperte bem, usando os dedos ou a colher.

6 Repita com a segunda cor, acrescentando também um quarto.

7 Repita com as outras duas cores, pressionando bem para criar as listras coloridas. Repita todo o procedimento com os moldes da segunda forminha plástica.

8 Quando as cavidades estiverem cheias, raspe o excesso, se houver, para deixar as bordas bem niveladas. Cubra cada lâmina da fôrma com papel-manteiga, coloque por cima uma pequena assadeira, aperte bem e desenforme sobre a assadeira.

9 Retire a forminha com cuidado: as metades de ovos ficarão nas assadeiras sobre o papel-manteiga. Deixe-os firmar completamente em local seco e fresco por 4 horas, no mínimo.

10 Quando os ovos estiverem secos, comece a escavá-los. Coloque a ponta da colher de chá no centro de cada metade de ovo e vá girando para escavar. Continue até que as cascas dos ovinhos tenham 1 cm de espessura. Esconda um doce ou outra surpresa no meio e junte as duas metades. Disponha-os com muito cuidado num arranjo bonito ou em caixinhas de presente.

Capítulo 4

Conservas, compotas *e* azeites

Se você procura algo diferente para fazer na cozinha, este capítulo traz conservas, compotas e azeites aromatizados que são bem adequados para presentear. Há compotas de frutas que incrementam sorvetes ou panquecas, e conservas para servir com ceias de Natal e Ano-Novo ou acrescentar sabor a sanduíches, queijos e carnes frias. Se for presentear um gourmet, prepare um bom azeite aromatizado com ervas ou especiarias.

Geleia de morango e baunilha

Com certeza, a mais clássica das geleias é um presente maravilhoso! Para um doce perfeito, use morangos muito frescos e não desmanche demais, pois ela fica melhor com pedaços da fruta. Nessa receita, os morangos e a baunilha formam o par perfeito.

1 fava de baunilha

1 kg de morango sem cabo (corte ao meio os frutos grandes)

3¾ xícaras (750 g) de açúcar

suco de 3 limões-sicilianos pequenos

rende 1,3 kg

1 Corte a fava de baunilha em quatro partes no sentido do comprimento e coloque em uma tigela com os morangos. Cubra com açúcar e deixe por 12 horas ou uma noite inteira.

2 Transfira a fruta com a fava e o suco para uma panela; junte o suco de limão. Cozinhe em fogo baixo até dissolver o açúcar, mexendo só de vez em quando para não desmanchar os morangos. Aumente o fogo e ferva rapidamente até atingir 105°C em um termômetro de açúcar (está no ponto quando uma pequena porção de geleia colocada num pires gelado endurece em minutos). Se necessário, retire a espuma do doce (p. 139).

3 Remova os pedaços da fava, raspe as sementes e coloque-as na geleia; descarte a fava. Misture bem as sementes ao conteúdo da panela.

4 Coloque-a morna em potes esterilizados (p. 137) e vede (p. 139). Guarde em local escuro e fresco por até 9 meses.

Compota de frutas vermelhas

Frutas vermelhas congeladas estão à venda o ano todo, e a compota é um bonito presente. Essa receita, feita com uma grande quantidade de framboesa, morango, cereja, mirtilo e groselha, resulta em um doce suculento e encorpado, que pode ser servido morno ou em temperatura ambiente com panquecas, sorvetes e muffins.

1 kg de frutas vermelhas variadas, sem açúcar e congeladas

1 xícara (200 g) de açúcar

1 colher (sopa) de suco de limão-siciliano

1 xícara (340 g) de geleia de frutas vermelhas

rende 1,25 litro

1 Misture as frutas congeladas, o açúcar e o suco de limão em uma tigela grande que não seja de metal. Cubra e deixe por 2-4 horas ou por uma noite inteira (neste caso, na geladeira), até as frutas descongelarem.

2 Transfira as frutas para uma panela grande e pesada que não seja de alumínio. Leve ao fogo e ferva por 10 minutos, ou até engrossar. Tire a panela do fogo e mexa delicadamente.

3 Coloque a compota morna em potes esterilizados (p. 137) e vede (p. 139). Espere esfriar, guarde na geladeira e consuma em até 2 semanas.

Relish de cranberry e manjericão

O presente perfeito para um jantar festivo. Além de ser um acompanhamento sofisticado e tradicional para aves assadas, vai bem com sanduíches de peito de peru e presunto ou queijos de sabor marcante.

2 colheres (sopa) de azeite
1 cebola-roxa bem picada
2 dentes de alho amassados
3 xícaras de cranberry fresco ou congelado (não é preciso descongelar)
½ xícara (100 g) de açúcar demerara ou mascavo
¼ de xícara (50 ml) de vinagre de vinho tinto
um maço pequeno de manjericão (só as folhas)
¼ de colher (chá) de sal
pimenta-do-reino moída na hora

rende 400 ml

1 Aqueça o azeite numa panela grande de fundo grosso, de preferência antiaderente. Refogue o alho e a cebola por 5 minutos, mexendo de vez em quando.

2 Junte os demais ingredientes e misture bem. Apure em fogo médio, mexendo até engrossar bem – cerca de 10 minutos. Prove e ajuste o tempero, acrescentando mais sal se necessário.

3 Coloque em potes mornos esterilizados (p. 137) e vede (p. 139). Deixe esfriar e guarde na geladeira por até 1 mês.

Chutney de cranberry e uva-passa

Um presente especial, esse chutney colorido combina com carnes brancas quentes ou frias, saladas e queijos. Se puder, use rótulos personalizados – eles são fáceis de fazer no computador e dão um toque especial ao seu presente.

1 Coloque todos os ingredientes – menos o cranberry – em uma panela grande de aço inoxidável. Junte três quartos de xícara (175 ml) de água e leve ao fogo. Deixe ferver, reduza o fogo e cozinhe até os ingredientes ficarem macios.

2 Adicione o cranberry e cozinhe por 40 minutos, ou até ficar macio, mas ainda inteiro.

3 Coloque em potes esterilizados mornos (p. 137) e vede (p. 139). Deixe curtir em local escuro e fresco durante 2-3 semanas. Após abrir o pote, conserve na geladeira e consuma em até 3 meses.

½ xícara (125 ml) de vinagre de vinho ou de maçã

½ xícara (90 g) de uva-passa sem sementes

⅔ de xícara (75 g) de oleaginosa picada (castanha-do-pará e amêndoa são as melhores)

raspas e suco de 2 limões-sicilianos

½ colher (chá) de gengibre em pó

½ colher (chá) de páprica

½ colher (chá) de canela em pó

½ colher (chá) de sal marinho

2 xícaras (375 g) de açúcar

4 ½ xícaras (500 g) de cranberry fresco ou congelado

rende 1 litro

Azeite aromatizado

Azeites incrementados com especiarias, pimentas e ervas frescas são um presente maravilhoso, especialmente para quem gosta de cozinhar. Use, de preferência, azeite extravirgem de boa qualidade.

Azeite de laranja e açafrão

5-7 tiras compridas e finas de casca de laranja seca ou fresca

½ ou 1 colher (chá) de pistilos de açafrão

1 colher (chá) de grãos de cominho triturados

um ramo médio de alecrim fresco

azeite extravirgem

rende 2 xícaras (500 ml)

Coloque as tiras de laranja, o açafrão, o cominho e o ramo de alecrim em uma garrafa de vidro esterilizada (p. 137). Com um funil, despeje azeite suficiente para encher a garrafa (deixando espaço para fechá-la com rolha, se for o caso). Vede e guarde em local escuro e seco por 2 semanas antes de usar.

Azeite de pimenta

3 folhas de louro fresco

6 pimentas-dedo-de-moça pequenas

1 colher (chá) de pimenta-do-reino em grãos

azeite extravirgem

rende 2-2½ xícaras (500-625 ml)

Coloque as folhas de louro e as pimentas em uma garrafa de vidro esterilizada (p. 137). Com um funil, despeje azeite suficiente para encher a garrafa (deixando espaço para fechá-la com uma rolha, se for o caso). Vede e guarde em local escuro e seco por 2 semanas antes de usar.

Azeite de ervas

1 ramo de estragão

1 ramo de alecrim

1 ramo de sálvia

1 ramo de tomilho

3 folhas pequenas de louro fresco

1 colher (chá) de grãos de pimenta-do-reino ou pimenta-rosa

azeite extravirgem

rende 2-2½ xícaras (500-625 ml)

Coloque as ervas em uma garrafa de vidro esterilizada (p. 137). Junte a pimenta. Com um funil, despeje azeite suficiente para encher a garrafa (deixando espaço para fechá-la com uma rolha, se for o caso). Vede e guarde em local escuro e seco por 2 semanas antes de usar.

Material de cozinha e decoração

É possível preparar muitas das receitas deste livro com poucos utensílios. Mas, para alguns desses belos presentes, você vai precisar de cortadores de biscoito em formatos especiais, corante alimentício e confeitos comestíveis.

DOCINHOS E DECORAÇÃO

Para fazer os doces deste livro, vale a pena investir em alguns utensílios, pois garantirão bons resultados. Um termômetro de açúcar é uma ótima aquisição se você planeja fazer receitas com calda de açúcar, como as balas toffee. Podem ser comprados em lojas de utensílios de cozinha. Para o fudge e os docinhos modelados com pasta americana, o material necessário é bem básico. No caso de alguns doces e chocolates mais elaborados, será preciso comprar fôrmas ou moldes próprios. A variedade é enorme e inclui os camafeus e os ovos de Páscoa que apresentamos neste livro.

Corante alimentício em pasta, disponível em muitas cores, é fundamental para colorir pasta americana e glacês, e o resultado é muito melhor que o das variedades líquidas, pois não dilui a cobertura. Adicione aos poucos, usando a ponta de um palito.

Você pode incrementar um docinho, cupcake ou biscoito acrescentando apenas alguns confeitos comestíveis: figurinhas de pasta americana, pérolas comestíveis, bolinhas prateadas, joias, flores e estrelas. Procure também glitter comestível, dourado ou prateado, açúcar impalpável (ainda mais fino que o açúcar de confeiteiro, com adição de amido, para não ficar grudento) ou mesmo o açúcar colorido. Acomode seus docinhos em forminhas delicadas.

PARA OS BOLOS

Para fazer bolos, você vai precisar de fôrmas em tamanhos e formatos variados e também das individuais.

Para cupcakes e muffins, é preciso ter uma ou duas fôrmas com cavidades e forminhas de papel para forrá-las. É fundamental ter medidores – podem ser xícaras e colheres próprias ou uma balança de precisão. A colher de pau é o equipamento básico, mas uma batedeira reduzirá o tempo de preparação das receitas. Você também vai precisar de uma grade de metal para esfriar seus bolos.

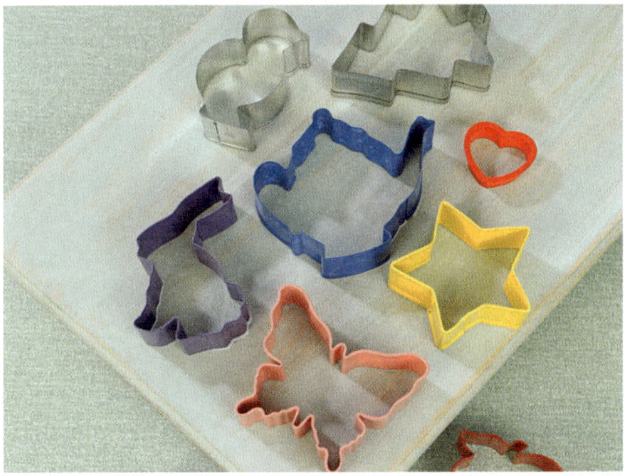

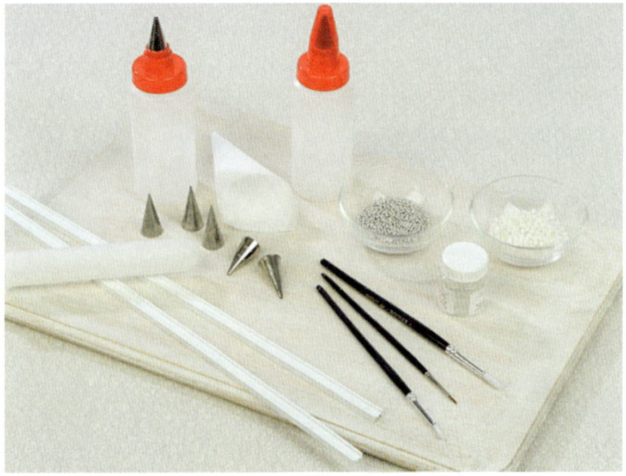

PARA OS BISCOITOS

O material básico para fazer biscoitos inclui um rolo de abrir massas, régua e assadeiras rasas. Existem cortadores de biscoitos em todos os tamanhos e formatos – redondos, quadrados, em forma de flores, animais, pessoas (para o gingerbread) e temáticos, como os que usamos neste livro para fazer os biscoitos de Halloween e os sapatinhos de bebê. Além disso, é possível fazer moldes de papel e cortar os biscoitos com uma faquinha afiada (etiqueta de presente p. 88). É preciso ter papel-manteiga para forrar as assadeiras e palitos para fazer furos nos biscoitos que serão pendurados como decoração. Para alguns deles, é necessário ter um saco de confeitar e bicos apropriados. Uma grade de metal para esfriar os biscoitos é essencial.

Para decorar, tenha sacos de confeitar com bico liso e estrela nos tamanhos pequeno, médio e grande, além de pincéis macios e cola comestível. Um rolinho para massa também é muito útil. Confira as sugestões de decoração na página anterior.

Como fazer e usar o glacê

O glacê real dá aos biscoitos um acabamento perfeito e gracioso. O fondant é um glacê versátil usado em biscoitos, bolos e docinhos. Siga nossas dicas para colorir e decorar: o resultado será uma apresentação profissional.

GLACÊ REAL

O glacê real pode ser comprado semipronto em lojas especializadas – basta seguir as instruções da embalagem. Mas fazer em casa também é muito simples, e você pode usar claras ou pó para merengue.

2 claras ou 3 colheres (sopa) de pó para merengue
$3\frac{1}{3}$-4 xícaras (375-450 g) de açúcar de confeiteiro peneirado

Bata as claras até espumarem usando um batedor de arame (fouet). Junte, aos poucos, o açúcar de confeiteiro e bata até a consistência desejada. Para usar em saco de confeitar, o glacê deve formar uma trilha grossa ao cair do batedor. Se não for utilizar o glacê imediatamente, cubra com filme de PVC. Para fazer figurinhas, coloque o glacê real num saco de confeitar com bico liso (perlê). Forre uma assadeira com papel-manteiga e desenhe as figuras sobre o papel. Deixe secar por 24 horas, até endurecerem bem. As figuras se conservam por até uma semana em embalagem hermeticamente fechada. Guarde-as em camadas entremeadas de papel-manteiga.

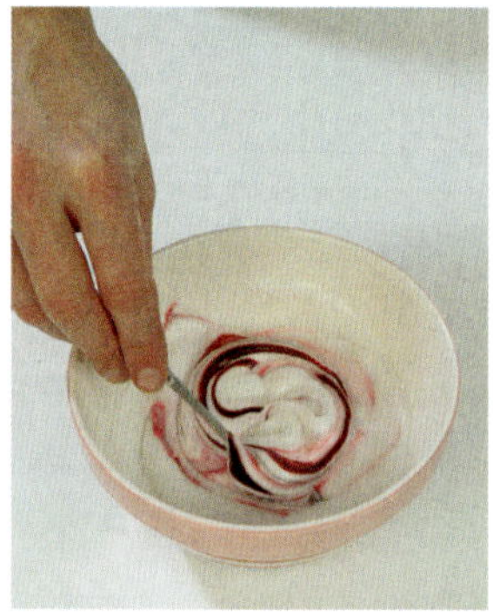

GLACÊ REAL COLORIDO

Use a ponta de um palito de madeira ou metal para adicionar pequenas quantidades de corante alimentício em pasta ao glacê real. (1) Misture muito bem antes de acrescentar mais corante. (2) Lembre-se: algumas cores podem ficar mais intensas à medida que o tempo passa; por isso, sempre junte o corante aos poucos, em quantidades bem pequenas.

GLACÊ PARA CONTORNAR BISCOITOS

O glacê usado para esse fim deve ser cremoso, pois será aplicado com saco de confeitar, mas precisa ser suficientemente firme para manter o desenho. Para obter melhores resultados, o equipamento deve estar bem limpo e sem resquícios de gordura. Bata o glacê na batedeira por 5-10 minutos até chegar à consistência de suspiro e ficar brilhante.

Cubra com filme de PVC (aplique diretamente sobre o creme para impedir a formação de película). O glacê é melhor fresco, no dia em que é feito, mas se conserva na geladeira por até 2 dias. A cor só deve ser aplicada no momento de usar.

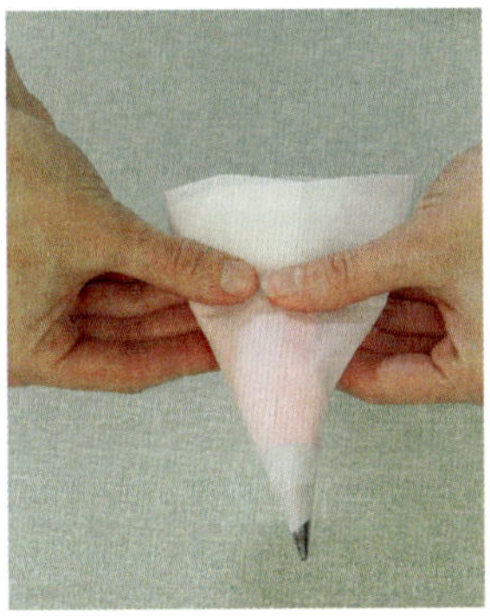

1 Use um saco de confeitar com bico liso ou faça um cone de papel-manteiga dobrando a parte de cima e prendendo com fita adesiva. Coloque o bico de confeitar por dentro do saquinho e encha-o com glacê.
2 Com os dedos, empurre o glacê para baixo e dobre a ponta do saco para fechar. Se tiver de interromper a aplicação do glacê, deixe a ponta do saco de confeitar descansando dentro de um copo forrado com papel-toalha úmido. Isso vai impedir que o glacê resseque.

COMO CONTORNAR

Para aplicar o glacê, o saco de confeitar deve estar bem fechado, e o conteúdo, bem apertado. Pressione o saco na extremidade, não no meio, usando a mão dominante. Você pode manter o saco de confeitar firme com os dedos da outra mão. O objetivo do contorno é criar uma barreira para segurar o glacê no biscoito na técnica de preenchimento conhecida como "banho". Nos primeiros projetos, use um bico mais largo e faça uma barreira mais grossa, para garantir que não transborde. Quando adquirir mais experiência, poderá usar um bico mais estreito, que faz um contorno mais sutil. Normalmente, um terço da receita de glacê vai para o contorno, e o restante é usado no preenchimento.

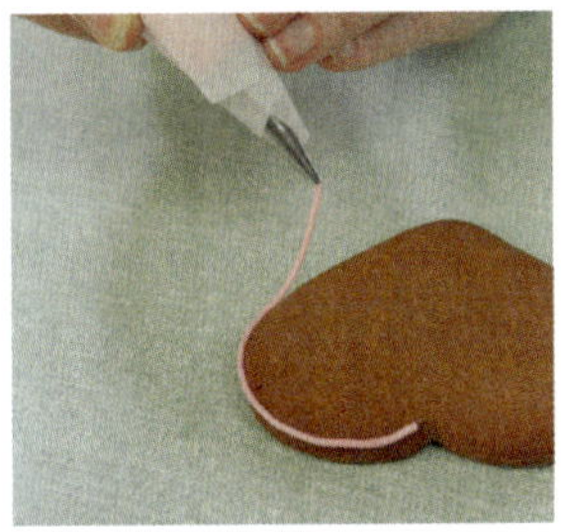

1 Ao fazer o contorno, aplique o glacê o mais perto possível da borda do biscoito. Segure o saco num ângulo de 45°, aplique pressão contínua e movimente o saco. Para melhor resultado, aperte o saco e deixe cair o fio de glacê sobre o biscoito em vez de arrastar o bico pela superfície da massa.

2 Se errar o desenho, conserte a linha com um palito ou retire-a com um pincel umedecido. Quanto mais uniforme a linha, melhor, mas não se preocupe se não ficar perfeita. O importante é que seja contínua. Espere o contorno secar um pouco antes de preencher o biscoito com glacê (pp. 134-5).

GLACÊ PARA PREENCHER BISCOITOS

Para preencher seus biscoitos, dilua o glacê real com um pouco de água até chegar à consistência de uma tinta grossa. Ela deve ser líquida o suficiente para se espalhar, mas não pode escorrer e pingar. Comece pelo lado mais largo, que tem menos chance de transbordar.

A quantidade exata de água vai depender das condições ambientais, da temperatura de sua cozinha e assim por diante. Por isso, acrescente-a aos poucos, uma colher (chá) por vez, até chegar à consistência correta. A prática leva à perfeição: depois de confeitar alguns biscoitos, você saberá qual o ponto certo. Aperte o saquinho e aplique um pouco de glacê no biscoito, longe das beiradas. Coloque glacê suficiente para cobrir o biscoito generosamente, sem transbordar. Use um palito para "guiar" o glacê e preencher eventuais falhas. Espere secar antes de acrescentar outros enfeites.

APLIQUE BOLINHAS

Abra um pouco de pasta americana branca. Faça pequenas bolinhas de cobertura colorida e aplique-as na branca, achatando-as com o polegar. Quando todas estiverem no lugar, passe o rolo de massa pela cobertura para ficar uniforme.

Técnica "molhada"

Para fazer bolinhas num biscoito preenchido (no alto à direita), prepare um pouco de glacê líquido de outra cor e coloque num saquinho de confeitar com bico liso estreito. Aplique pequenos pontos de glacê colorido na cobertura de glacê ainda úmida.

COBERTURA DE PASTA AMERICANA

É fácil encontrar pasta americana pronta ou semipronta em lojas especializadas de confeitaria e festas, e também pela internet. É uma maneira bem fácil e rápida de decorar biscoitos, bolos e outras guloseimas. A pasta úmida em geral adere com facilidade a biscoitos e bolos; se necessário, use cola comestível, um pouco de glicose de milho ou glacê real, espalhando na superfície com pincel.

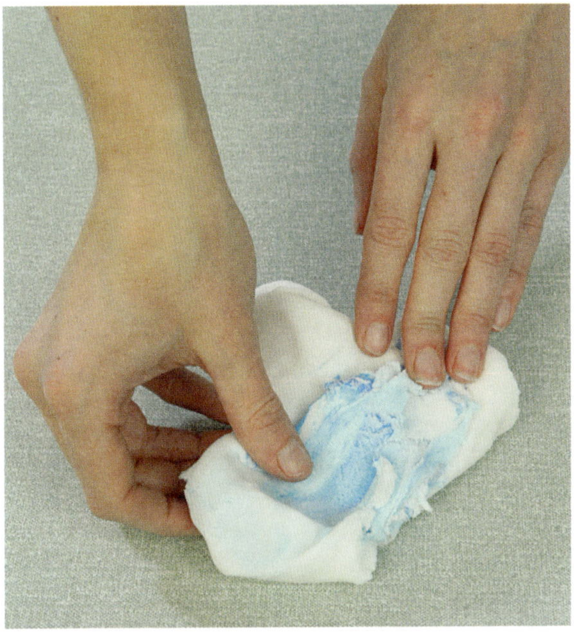

1 Trabalhe a pasta com os dedos até ficar macia. Tente não usar a palma das mãos, pois a pasta pode ficar grudenta. Para colorir, utilize pequenas quantidades de corante alimentício em pasta; pegue o corante com a ponta de um palito, aplique na pasta e trabalhe-a até a cor uniformizar.

2 Abra a pasta com rolo, em superfície polvilhada com açúcar de confeiteiro, até atingir a espessura de 3 mm; corte-a com cortador de biscoito. Se a pasta não estiver seca demais, vai aderir ao biscoito; se necessário, umedeça o biscoito com cola comestível ou calda, como explicado acima.

3 Grude a cobertura no biscoito. Se o biscoito tiver crescido um pouco no forno, abra a cobertura um pouco mais até atingir o tamanho necessário para cobri-lo. Passe o dedo pela borda do biscoito para alisar a cobertura e obter um acabamento perfeito.

Pontos de calda de açúcar

Existem cinco pontos clássicos de calda de açúcar. Para medir, o melhor é usar um termômetro de açúcar; também é possível testá-los jogando um pouco de calda em água gelada. O termômetro também é usado para determinar o ponto correto de geleias ou conservas.

Ponto de fio, 110°C; na água gelada, a calda forma um fio fino.

Ponto de bala mole, 115°C; na água gelada, a calda forma uma bolinha macia que pode ser facilmente achatada entre os dedos.

Ponto de bala dura, 120°C; na água fria, uma gota de calda vira uma bala mais firme, mas ainda maleável.

Ponto vidrado, 130°C; na água fria, a calda endurece rápido e apresenta som de vidro quebrado.

Ponto de caramelo, 150°C; a calda adquire cor dourada e aroma característico de caramelo.

Conservas e geleias também têm um ponto correto:

Ponto de geleia, 105°C: é quando uma pequena porção de geleia ou compota colocada num pires gelado endurece rapidamente.

Técnicas e utensílios para fazer conservas

Fazer conservas é um hobby delicioso, e as geleias e compotas ficam em geral mais saborosas que as compradas prontas. É preciso seguir alguns passos básicos para ter bons resultados e durabilidade.

O princípio básico do preparo de conservas é impedir a proliferação de fungos, mofo e bactérias, que são destruídos em altas temperaturas. As conservas devem ser vedadas para impedir a entrada de ar. As que têm ao menos 60% de açúcar na composição são menos suscetíveis ao crescimento de fungos; as geleias feitas com menos açúcar devem ser consumidas mais rápido.

Os potes

Use potes apropriados para conserva, como os tradicionais modelos de vidro com tampa hermeticamente fechada, vedação de borracha e fecho de arame grosso. Também é possível reciclar potes de geleia ou condimentos. Os recipientes não podem ter rachaduras nem estar lascados, e a tampa deve fechar por completo. Materiais corrosivos (como as tampas de metal) não podem entrar em contato com as conservas, especialmente as que levam vinagre (caso dos picles e chutneys). Lave os potes com água morna e sabão, enxágue em água quente e deixe secar. Coloque um pano de prato limpo dobrado numa grade do forno, sobre ele, os potes deitados de lado. Pouco antes de usar, aqueça o forno a 110°C e deixe os potes nele por 30 minutos. Eles ainda devem estar quentes quando receberem o conteúdo.

Outros utensílios

Para quem pretende fazer conservas com frequência, há outros itens muito úteis:

Panela de conserva É uma panela de material não corrosivo e não reagente, grande o suficiente para conter generosas quantidades de geleia fervente. Seu formato é mais adequado que o de uma panela grande comum. Uma panela de conserva é mais rasa, o que facilita a evaporação rápida quando fervemos a geleia para atingir o ponto certo. Uma panela de boa qualidade tem fundo grosso e pesado, o que impede que as conservas queimem. Aço inoxidável é o melhor material, indispensável quando as conservas levam vinagre. Nunca encha demais a panela, porque a geleia sobe como leite quente ao ferver em fogo forte. Se a panela for muito pequena e estiver muito cheia, vai transbordar. Para que isso não aconteça, terá de manter a temperatura de ponto de geleia abaixo do necessário (p. 136).

Colher de pau de cabo longo Fundamental para manter suas mãos longe da calda fervente. A colher tem de ser à prova de calor.

Funil Esse utensílio é indispensável para despejar a conserva quente nos potes com segurança. Escolha um funil de metal que caiba na maioria dos potes (mas não tão estreito que possa entupir com pedaços de fruta). Esterilize e aqueça o funil no forno com os potes. Uma colher esterilizada e quente ajuda a colocar a geleia no funil.

Pega-pote Equipamento especial usado para manusear os potes quentes. Caso não encontre, use luvas térmicas, que também se prestam a isolar a alta temperatura.

Termômetro de geleia Não é indispensável, mas é útil para testar o ponto de geleia. Escolha um termômetro que atinja pelo menos 110°C, com um prendedor que o mantenha fixo na lateral da panela.

Outros Se você se interessou pelas receitas deste livro e pretende fazer conservas com muita frequência, pode precisar de equipamento extra. Pano fino (de fralda ou gaze) é usado para filtrar cascas, caroços e especiarias que cozinham com a conserva e depois são descartadas. Já os sacos de tecido, são usados para extrair os sucos das frutas cozidas.

Remover espuma e vedar

Uma geleia perfeita precisa ser translúcida, e todas as conservas precisam ser cuidadosamente embaladas e vedadas para garantir a durabilidade.

Remoção de espuma Durante a fervura, as bolhas que sobem à superfície da geleia podem formar espuma. Essa espuma é inócua, mas pode estragar a aparência das conservas. Misture um pouco de manteiga para ajudar a dispersar a espuma ou retire-a com uma escumadeira de metal.

Vedação Depois de colocada nos potes, a geleia quente precisa de vedação. Isso é automático no caso dos potes com fecho hermético, mas os potes com tampa comum precisam de tratamento especial. É possível selar os potes com uma camada de parafina, que é fácil de encontrar no comércio. Siga as instruções do fabricante para derreter e utilizar. Um círculo de tecido amarrado com uma fita dá mais charme ao seu pote de geleia.

Rótulos Coloque etiquetas em todas as suas conservas para saber exatamente quando foram feitas e assim controlar o prazo de validade. Chutneys e picles, que precisam de maturação, também precisam ser rotulados com essas informações.

SUGESTÕES DE EMBALAGEM

As receitas deste livro foram idealizadas para presentear os amigos e a família. Reunimos algumas ideias de embalagem que o ajudarão a deixar suas criações mais especiais e ainda mais deliciosas!

Procure fitas e embalagens diferentes sempre que fizer compras. Muitas papelarias vendem caixas decoradas muito charmosas.

Um saco de papel-celofane transparente amarrado com fita é o modo mais fácil de presentear biscoitos e docinhos – é simples, mas o resultado cria um belo efeito.

Recicle caixas de gravatas, colares, anéis e relógios para presentear suas criações inspiradas em joias.

Guarde as caixas de presente que receber – muitas podem ser reaproveitadas para acomodar biscoitos e doces.

Para dar um toque retrô de loja de doces antiga, sacos de papel com grafismos simples e chamativos são perfeitos.

Caixas retangulares quando forradas com papel de seda e amarradas com fita ficam mais chamativas. Algumas embalagens recicláveis de frutas dão um toque rústico às guloseimas.

Sacos de organza de diferentes tamanhos são fáceis de encontrar em lojas de presentes e servem para embrulhos sofisticados.

BISCOITO DE GENGIBRE E CHOCOLATE

Para as receitas das pp. 87 e 88.

2 colheres (sopa) de xarope de milho
2 colheres (sopa) de melado
1 gema
1⅔ xícara (200 g) de farinha de trigo, mais um pouco para polvilhar
1 colher (chá) de fermento em pó
3 colheres (sopa) de cacau em pó
2 colheres (chá) de gengibre em pó
½ colher (chá) de canela em pó
¼ de colher (chá) de noz-moscada ralada
uma pitada de sal
75 g de manteiga sem sal gelada e em cubos
⅓ de xícara (75 g) de açúcar mascavo
½ xícara (50 g) de amêndoa moída

1 Misture o xarope de milho, o melado e a gema numa tigelinha.

2 Peneire a farinha, o fermento, o cacau, as especiarias e o sal. Passe pelo processador com a manteiga, pulsando até obter uma farofa sem pedaços grandes de manteiga. Adicione o açúcar e a amêndoa e processe outra vez. Junte a mistura de gema e processe até incorporar tudo. É possível fazer a massa à mão, misturando a manteiga e os ingredientes secos com os dedos ou com um cortador de massa e juntando, depois, o açúcar com a amêndoa e a mistura de gema.

3 Coloque a mistura numa superfície levemente enfarinhada e sove até moldar uma bola de massa uniforme. Achate a bola, transformando-a num disco. Embrulhe em filme de PVC e leve à geladeira por 1-2 horas. Empregue seguindo as instruções das receitas.

ÍNDICE

CRÉDITOS DAS RECEITAS

Susannah Blake
Cupcake para batizado
Cupcake das bruxas
Mil-folhas de framboesa e limão
Coração de framboesa
Cupcake estrelado de Natal
Cupcake para casamento
Trufa de chocolate branco e limão

Chloe Coker
Sapatinho de bebê
Chapeuzinho
Presentinho

Linda Collister
Palmier de queijo
Fudge de chocolate
Biscotti com pedaços de chocolate
Minimuffin de Natal
Trufa de Natal
Bolo de sidra e frutas
Relish de cranberry e manjericão
Palitinho de chocolate
Minimuffin de gengibre
Biscoito de gengibre
Lebkuchen
Compota de frutas vermelhas
Biscoito aromático sueco

Kay Fairfax
Azeite de pimenta
Bolo de gengibre com chocolate
Chutney de cranberry e uva-passa
Azeite de ervas
Azeite de laranja e açafrão

Liz Franklin
Tortinha de chocolate branco e framboesa

Gloria Nicol
Geleia de morango e baunilha

Annie Rigg
Cupcake do Advento
Cupcake com borboletas
Butterscotch
Muffin de tangerina com pistache
Surpresa de caramelo
Árvore de Natal
Etiqueta para presente
Lanterna de Halloween
Coração de namorado
Montanha de suspiro
Whoopie pie de chocolate e menta
Cupcake red velvet
Gato e chapéu de bruxa

Laura Tabor
Camafeu de chocolate
Cupcake precioso
Ovinho de açúcar

Nicki Trench
Jujuba de maçã
Bolinha de caramelo e chocolate
Ovos de chocolate
Miniflorentine
Gingerbread
Delícia turca
Bombom de violeta e rosas

Catherine Woram
Casca de laranja cristalizada
Biscoito dos namorados

CRÉDITOS DAS FOTOS

Martin Brigdale
pp. 4 (no alto à esquerda, no alto à direita), 7 (no alto à direita), 21, 35, 38, 45, 47, 48, 53, 85, 126, 129

Laura Edwards
pp. 2 (embaixo à direita), 12, 15, 106

Tara Fisher
pp. 86, 89

Winfried Heinze
pp. 2 (no alto à direita), 5 (central no alto, no alto à direita), 60, 78, 95, 96, 99, 101, 102

Sandra Lane
pp. 8, 51

Lisa Linder
p. 55

Emma Mitchell
pp. 58, 83, 111

Gloria Nicol
p. 120

Martin Norris
pp. 4 (no alto à esquerda, central no alto), 69, 70, 71, 73, 81

William Reavell
pp. 2 (alto à esquerda), 5 (alto à esquerda), 7 (embaixo à esquerda), 10, 18, 31, 57, 63, 67, 74, 77, 90, 105, 108, 118, 123, 125

Stuart West
pp. 22, 92, 113, 115, 116, 117

Kate Whitaker
p. 2 (embaixo à esquerda), 7 (embaixo à direita), 17, 25, 26, 27, 28, 32, 37, 41, 42, 43, 65